閒情偶寄禪

梅毅（赫连勃勃大王）著

上海人民出版社

目录

中篇：28 个好玩的公案

下篇：42 首愉悦的禅诗

引子

少年一段风流事　只许佳人独自知

——从“色”中领悟“空”

说到禅，人们马上会联想到至大的觉悟、心性的圆满、本心的澄明、永恒的超越、精神的故乡、妙有的境界，以及种种生命的本源。

而我本人，最早对禅宗产生兴趣，恰恰是由几首艳诗开始。

第一首，乃宋徽宗赐名“圆悟”的克勤禅师所作：

金鸭香销锦绣帏，笙歌丛里醉扶归。
少年一段风流事，只许佳人独自知。

第二首，乃克勤大师的师傅法演大师所作：

一段风光画不成，洞房深处恼予情。

频呼小玉元无事，只要檀郎认得声。

第三首，乃中仁禅师所作：

二八佳人刺绣迟，紫荆花下啭黄鹂。
可怜无限伤春意，尽在停针不语时。

第四首，乃著名的“浪子和尚”惠洪禅师所作：

上元独宿寒岩寺，卧看青灯映薄纱。
夜久雪猿啼岳顶，梦回清月上梅花。
十分春瘦缘何事，一掬归心未到家。
却忆少年行乐处，软红香雾喷东华。

第五首，乃道潜禅师所作：

寄语巫山窈窕娘，好将魂梦恼襄王。
禅心已作沾泥絮，不逐春风上下狂。

第六首，大奇大俗，乃志明和尚的打油诗：

春叫猫儿猫叫春，听它越叫越精神。

老僧亦有猫儿意，不敢人前叫一声。

如此绮语丽句，如此孟浪唐突之言，出于印象中庄严肃穆的大和尚之口，乍读之下，着实骇异。

但是，如果深悉禅宗的色空概念，我们一定会对这些意味深长的艳诗会心一笑：

“色不异空，空不异色；色即是空，空即是色。受想行识，亦复如是。”《般若泼罗蜜多心经》

语言，不过是思维的一种外化表现。禅那，乃真正脱离垢染的清洁自性，远远超越了语言文字。所以，《楞伽经》才会指出：“如来藏”，是“真实离名字”的圣境。

言语，在禅家看来，生灭法而已，不过是相对意识的产物。真正的禅悟妙境，是真如本体，是绝对如如。

但是，参禅的人，如果要自悟，如果要导悟别人，却又不能离开文字。

以佛相为例，真正的佛，乃有法、报、应三身。所谓法身，不生不灭，无形无象，无所不在；所谓证得佛果之身，乃报身；而如来随终生机缘应化呈显之身，乃应身。所谓的佛相，是如来为了防止世人生“断灭”心而暂时呈现的假相。

无相的实相，才是真佛。如此说，泥塑木雕，涂抹饰金，乃虚妄的外相而已。

所以，如来的“三十二相”、“八十种好”，与禅师们的话头、颂语、禅诗以及一切言语，都是开悟众生的“工具”。

无论是佛像庄严，还是词语秀丽，都是化导大众的方便法门。也正因为如此，一直号称“不立文字”的禅宗，后世却留下汗牛充栋的洋洋巨著。

禅，超越千年的神秘微笑，超越了一切！

在人类生活日益“全球化”的今天，在所谓的“第五文明时期”，楼价高启，股市升落，七情六欲，生老病死，柴米油盐酱醋茶。人生，面对着一个又一个要解决的问题——焦虑、紧张、恐惧、困惑、惊惶，不停地困扰着当代芸芸众生。

身处这种“多元”的困境中，如何从压抑和边缘状态中自我解脱出来，如何突破生活的陈旧模式，确实需要精神层次的彻底“刷新”才行。

怎样才能生活得更好，自古以来就是人生一个大问题。古代的中国人，特别是居住在山野寺院的大德高僧，当然不会比我们思维在质的层面上浅陋或者简单。智慧，是人的心灵的体证和感悟，每一代人都有一代人特有的体验，但每一代人也有自上而下叠加的烦恼。

我们生活中的个体，在科技以几何速度高度发展的今天，在表面上看生活日益安适的当下，其实，内心之中，不仅没有更多的满足，恰恰相反，我们感到的反而是更多的失落。

为什么呢？我们越来越“理性”了！刀锋如此锐利，桎梏却如此坚牢。表象思维，最终带给我们是“上帝死了”的迷失，是无家可归的茫然。在我们的大脑深处，已经失去了昔日诗兴安居的家园。

真实不虚的消极“虚无主义”，绝非“后现代”的高科技所能解决。

禅宗，具有一种贯通古今中外的共性。当我们思考、阅读禅的故事的时候，我们会发现：古人，距离我们根本不遥远。他们的大智大慧，他们的精灵通透，是那么的亲切，那么的有趣味，那么的发人深省，那么的催人莞尔。

古代禅师的公案、机锋，古人的禅诗悟词，对于我们当代人来讲，就是一座蕴藏无尽宝藏的矿山，其中的体验、灵感、智慧，取之不竭，用之不尽。

在光怪陆离、日益异化的世界里，我们恍然发现，济世良方，原来就在那些发黄的古卷之中。

古人不见今时月，今月曾经照古人。很有可能，古代禅师、大德可能没有现代人如此明晰的批判意识和理性思维，但是，他们醍醐灌顶的禅心禅悟，却能远隔千年的黑暗岁月，点燃我们垢蒙已久的智慧之灯。

慧能大师的“顿悟”，神会禅师的“无念”，马祖道一的“非心非佛”，赵州和尚的“无处不禅”，临济义玄的“叱佛骂祖”，都随着时间的流逝，愈加光耀照人。

今日的人类，处境尴尬。

科学，日新月异地发展。人类的精神，却日益陷入窘境。

人与自然，越来越疏离；人与人，越来越冷漠；人与自己的内心，越来越分裂。

技术的唯我独尊，工具理性对人性的宰治，以“自然”为中心而忽略个人的“自然主义”，价值标准的沦丧，价值终极根基的溃摇，使得我们现代人面临着前所未有的巨大精神危险。

面对绵绵不绝、扑面而来的危机和困惑，我们的心花枯萎。

路到绝处开生面，终于，我们穿越了岁月的迷雾，重新发现了禅！

禅，是一种无与伦比的超越。它超越哲学，超越理性，超越历史，超越语言，超越文字，超越时间，超越一切意识形态。

通过愉悦的禅悟，我们可以把握住虚无的隐蔽本质，从“空”的哲学高度出发，超越时代局限的氛围，真正进入人性的实存体验之中，从而去认识那种超越于相对性的“有”以及相对性的“无”的相对性的存在！

禅风禅悟，导引我们臻至最大的和谐。当六祖慧能高诵“本来无一物，何处惹尘埃”的时候，就是实在的同一性（真如）存在于事物的表象被夺取后而呈现出的绝对无（空）的精彩刹那。

不过，对于我们今人来讲，谈禅论道，已经不是为了获取“禅定”的宗教体验。在振聋发聩的公案和缥缈神奇的诗句中，我们最想得到的是那种难以言表的禅悦。

其实，这种乐受的“禅悦”，在真正的禅宗境界中，还只是中等的层次，不是证悟的最高层级。不过，对我们芸芸众生来讲，禅机能臻于此境，我们已经非常满足。

虽然涅槃的境界非常美好，天花乱坠，但我们滚滚红尘间的凡夫俗子，仰望那种绝对真理的顶峰，我们就不必固执地再向上进行“理性回溯”了。

春有百花秋有月，夏有凉风冬有雪。

若无闲事挂心头，便是人间好时节。

平常心是道。本来面目是禅。

禅宗的高情远韵，禅师的锦心绣口，已经带给我们无限的愉悦。这些，已足够我们受用不尽！

上篇：佛禅七宗问

1. 怯怯地发问之一：什么是佛?

佛，是外国的舶来品；禅，却是我们中土佛教的一个分支。

追根溯源，佛教是由古印度一个小国王子释迦牟尼创立的一种宗教。佛教有“三宝”，包括佛、法、僧。

三宝具备，才构成完整的佛教。

佛，本意是“觉”。佛教的基本教义，包括“四谛”、“十二因缘”等等。

“四谛”指“苦”、“集”、“灭”、“道”，也就是人生的四种真理；十二因缘即人生的十二个部分：无明、行、识、名色、六处、触、受、爱、取、有、生、老死。

佛教本来是出世法，要从根本上灭除无明，让人摆脱十二因缘的束缚，从轮回中解脱出来，脱离苦海。

在古代印度地区，佛教经历了从原始、部派、小乘、大乘、密教等发展的阶段。我们这本书不是讨论佛教的，所以不想就此展开。

为释疑解惑，我们简要谈谈佛教在中土流传的过程。

佛教入中国，大概在公元一世纪，即东汉明帝时代。明帝本人吃饱了发呆，晚上做了一个梦，见一神人，浑身发光，飞在殿前。转日，他询问群臣，一个叫傅毅的大臣表示说："天竺（古印度）有得道者，号为'佛'，飞行虚空，身有日光。陛下所梦，大概就是'佛'了"。

于是，汉明帝派人取西域等处抄写佛经，而后又在洛阳城外起白马寺。

无论这个故事是否真实，但是，此说见于东汉末年的《离惑论》，大致就说明了佛教对中土产生影响的时间。

佛教初入中国，时人都把它当作方伎的一种，中土信奉的人也不多，也没有职业的僧尼。

三国两晋时期，随着译经活动的展开，逐渐出现了专门的出家人。西晋时期，僧尼已经有数千人之多。

东晋十六国期间，外来僧人相继进入中土。其中最有名的，要属那位娶了十多个美女的大翻译家鸠摩罗什。而大师佛图澄、道安、慧远、支遁等人出现，更使得佛教在中上层广为流传，影响越来越大。

南北朝时期，佛教在中土大爆炸般地发展。原因很简单，皇帝们纷纷开始信佛。虽然经过北魏太武帝和北周武帝的两次"灭佛"，在中土，佛教一直呈上升势头，并深入到平民百姓家。

隋、唐、五代，一直到两宋，只有唐武宗、后周世宗排过佛，大多时间，佛教都非常兴盛。元、清两朝统治者虽为少数民族，皇帝却都信奉佛教。明朝的皇帝朱元璋，本人就是和尚出身。所以，佛教在这三个朝代都发展得还算不错，僧尼生活也不赖。只是，随着国家政权的强盛，佛教不再以单独的政治势力存在，而日渐成为皇权的附庸。

明清之时，佛教与现实生活和社会人群的关系日渐疏远，佛教真正潜在的社会价值日益沦落，慢慢降格为超度亡灵的教门。加上僧尼素质的下降，僧团形象日渐模糊，“人间佛教”的印记非常黯淡，由此，佛教的社会地位也一落千丈，它的生机越来越微弱。

特别是清朝的雍正帝，他阴蛮十足，以帝王之尊，插手佛教内部事务。从那时起，佛教便完全变成政治权力的从属了。

在佛教传入中土之前，在我们广大的汉族聚居地，其实没有真正意义上的宗教。道家的逍遥，儒家的礼乐，仔细推究，还不算宗教层次的信仰。佛教传过来以后，在隋唐前与道家合流，玄谈为主；隋唐之后，它找到了儒家理论作为伙伴，把天命、忠孝也当成招牌。如此一来，佛教就满足了不同阶层的不同需求，自然涓滴成流，一发不可收拾。

佛教，有大乘佛教和小乘佛教之分。这个简单的常识性问题，一定要讲一讲。

“乘”是梵文 yana 的意译，大概是“乘载”、“道路”的意思。公元一世纪左右，古印度佛教内部有些人自称能普度众生，并能运载大众从生死的此岸到达涅槃解脱的彼岸，于是他们就自称为“大乘”，而把原始佛教和部派佛教贬称为“小乘”。

在信仰“小乘”佛教的国家，比如泰国、缅甸、斯里兰卡等国，他们当然把自己的信奉称为“南传上座部佛教”，不会自认为是“小乘”。

大乘和小乘的区别，第一，是有关释迦牟尼佛的观点方面。大乘佛教把释迦牟尼看成是法力无边的全能神，小乘佛教只是把释迦牟尼当成一个宗师和完全觉悟的人；第二，大乘与小乘的修持方法不同。大乘偏重菩萨行，即要普度众生，把释迦成佛前的菩萨阶段当成自己修行的榜样。小乘主张“三学”，即“戒、定、慧”，要通过持守戒律而获取大智慧。第三，从教义上说，大乘佛教认为“人法两空”，“性空幻有”，既否定人的主观精神，又否定客观存在；小乘佛教则“人空法有”，只是否定人的精神主体。第四，大乘和小乘的修行目的也有差异。大乘佛教要普度众生，以成佛为最高境界；小乘佛教则追求个人解脱，最终想证得“阿罗汉果”。

其实，大乘佛教是在小乘佛教的基础上发展起来的，二者互为联系。从分布情况看，从印度传入中国、朝鲜、日本、蒙古等地的佛教，属于大乘佛教。而传入泰国、缅甸、柬埔寨、斯里兰卡等地（包括我国云南傣族地区）的佛教，属于小乘佛教。

从宗派上讲，我们的中土佛教大致分为十个宗派，即律宗、俱舍宗、成实宗、三论宗、天台宗、贤首宗、法相宗、禅宗、密宗、净土宗。

这些大宗下面，还分为不少支派。有时候，这些支派对外也称“宗”，比如禅宗下面又有临济宗、曹洞宗等。

所有佛教的大宗派之中，最影响我们中国人精神的，无疑，就是禅宗。

大乘佛教的许多宗派，一直没能把佛性和人性混而为一。而禅宗，在最大限度上，为我们解释了“佛心”与“人性”的关系问题，把佛国净土安置于每个信仰者的心中，使得佛心与人心的距离越来越短。

最终，禅宗使得我们能够冀望自己：在日益沉沦的俗世泥沼中，有可能解脱出来，在“即心即佛”的追求中达向超越的彼岸。

2. 怯怯地发问之二：禅是怎么回事？

即使唐朝初年的玄奘大师那么有名，又翻译了那么多著名的佛经，但是，他所创立的“法相宗”，也只是昙花一现而已。玄奘死后仅仅几十年，繁琐唯识的法相宗就逐渐泯灭无闻了。即使有《西游记》的文学传播，但也只能把这位大和尚演义成赫赫有名的“唐僧”而已。

相比于玄奘，由岭南和尚慧能发扬光大起来的禅宗，就成为中土佛教的蔚然大宗。

说到禅宗，大家一定会首先想起那个“一苇渡江”的碧眼老胡僧达摩，更会想起他“面壁十年”的传奇。

无论是真实历史的唐太宗，还是虚构小说中的西门大官人，都是吃了胡僧的药而驾鹤西归的。所以，胡僧给中国人的印象并不是很好。但是，说到佛教在中土的最初传播，这些大胡子绿眼睛的汉子们功不可没。

其实，如果讲早期的禅法，东汉的安世高大师已经开始宣讲《禅行法想经》以及《佛说禅行三十七品经》等经文。东晋十六国时期的鸠摩罗什，也通过翻译《坐禅三昧经》《禅秘要经》等经典，大肆弘扬禅法。

禅，原始的含义，是梵文“Dhyana”(禅那) 的简称。对于这个词汇，鸠摩罗什翻译为“思维修”；玄奘大师精益求精，翻译为“静虑”。意思其实都差不多，是指安详、宁静的深思。

人，通过禅定，可以摆脱“欲界”诸等欲望的困扰，从而为宁静的思虑提供一种精神层次的保障。与这个概念相类似，我国古代荀子所说的“虚壹而静”，庄子的“守神”、“坐忘”、“心斋”、“守一”等说法，都与“禅那”的意思非常接近。

正因为如此，禅法，加上它本身特有的神秘主义的诱惑和非常的体验，比如它奇特的“呵佛骂祖、自性是佛”的反佛价值取向，比如它“运水搬柴、无非妙道”的行为规范，使之在中国佛教的哲学、心理、道德等一系列领域，激发了前所未有的大震荡，反而吸引了更多人的好奇和关注，得到迅速的普及。

当然，禅，并非是禅宗一家独有的专属品。但是，自慧能开始，以“禅”为“宗”，自成一系，这不仅仅是在中土特定历史条件下的固有产物，也是我们中国人对这个具有特殊价值取向的宗教派别的必然选择。

在汉地，以及中国古代文化圈中，禅宗的影响，可以说没有任何宗派能超过它。

禅宗，也成为汉地佛教文化的代名词。

禅宗的真正创始人，自然是慧能。即使从菩提达摩开始算起，下面还有慧可、僧粲、道信、弘忍等“四祖”，但真正“禅学”意义上的中华“始祖”，仍然首推慧能。

达摩当时只称他所宣扬的是“南天竺一乘宗”。从慧能开始，才正式以“禅宗”为自己的宗派命名。

禅宗为什么能从众多的宗派中脱颖而出、独树一帜呢？

无他，禅宗简单明了，妄尽心静，任性随缘，更能让大众接受。也就是说，无论是张秃子还是王麻子，只要相信自己的内心，就能成佛。即使是日日嗜血的屠夫，放下屠刀，也可立地成佛！

如此速成得道的快捷方式，使得古代那些自认精英的上层贵族以及芸芸众生的劳苦大众，都不能不喜闻乐见！

试想一下，你可以不背诵繁冗的佛经，可以不布施财物，可以不经过累世的长久修行，可以不青灯苦坐，可以不遵守清规戒律，只要去求助于自己的内心，就可以成佛。

这样的“以心觅菩提”，人人心向往之。

如果从哲学方面来甩“大词”，那么，慧能以后的禅宗，也就从“客观唯心主义”，变成了“主观唯心主义”。

发展到后期，禅宗把人世间一切事物，一切现象，都看成解脱苦海的妙道。也就是那几句话：

“青青翠竹，尽是法身；郁郁黄花，无非般若。”

从此，禅的存在，不仅仅使得僧侣的生活世俗化，而且佛教中的名相，也越来越多开始延用中土的意象。

儒道杂糅，诗史互现，精彩陈现，即便是那些对佛教没有兴趣的人，也能够从此对“禅”爱悦赏玩不已。

而禅宗，不仅仅影响了宗教，它对于中国的哲学、文学、艺术，都产生了难以估料的巨大影响。

我们无法想象，如果没有禅，是否还会有王维的“月出惊山鸟”；如果没有禅，是否还有苏东坡的“恰似飞鸿踏雪泥”；如果没有禅，是否还能有陆游的“今年睡足向禅房”；如果没有禅，是否还能出现唐伯虎的“徒倚藤床对夕晖”；如果没有禅，是否能有纳兰性德的“人生若只如初见”……

3．怯怯地发问之三：禅宗是“农禅”吗？

提起禅宗，当代人肯定马上联想起高雅的神秘，昂贵的精舍，不俗的谈吐，玄奥的机锋，放荡不羁的诗人，等等。

但是，禅宗肇始之初，远远不是今天这个样子。

南北朝时期，是中国历史上最痛苦、最黑暗的时期之一。在那个血与火的年代，由于频繁的战乱，产生了大量流民。这些人中的“顺民”，加入了僧侣队伍，于是为禅宗的产生和形成做足了人员方面的准备。

此外，两晋玄学，着重于清谈。而大乘禅法中放荡不羁、破旧立新的思想，也恰恰促成了佛禅分道，对于士大夫阶层也构成了极大的吸引力。

汉魏以来，血与火的洗礼，使得中国思想界形成了一种特别适宜于宗教滋长的环境，人们对于心灵的关心和沉溺，甚至超过了对外在痛苦俗世的热情。因为，当人们能在此世中体悟到人生的终极境界的时候，那体悟的瞬间，也就成为了永恒。

当然，最早从“国家”的高度崇仰佛法的，是羯族石氏所建立的后赵。而后，鲜卑、羌族、氐族等民族建立十六国中的不少国主，都纷纷拥推佛法。

这些五胡国家，之所以如此推崇佛教，无非是看重外来大和尚们拥有的“神迹”：手里流香水，平地生莲花，热油捞石块……在宽大袈裟下变戏法，以物理、化学知识大肆显摆，总能唬弄住不少人。这些戏法，不仅仅能让民众倾心若狂，也为胡族君主们祈祷福瑞大增光彩。

佛法能有禁欲、神异、调心的功能，各层人士都对此大加注意。正是在这样的情况下，鸠摩罗什、觉贤等人才纷纷被拜为上宾，敬受供养。如此，逐渐在北朝形成了“官禅”。

尤其是鲜卑人建立的北魏，佛寺数万所，僧尼人众达几百万。除了国家供养的高级僧侣以外，还有不少为了逃避兵役和沉重的赋税而出家为僧的普通大众。

那么多行脚僧人，为了糊口，在民间化缘游动，逐渐形成了一个人数众多的游僧队伍。与漫无目的的流民不同，这些人不会轻易参与造反，所以，王朝的统治者对他们多采取听之任之的态度。

隋唐之际，虽然官府严格控制度牒的发放，打击私度，但依然阻止不了平民出家的热潮。而真正受国家供养的寄生僧侣，毕竟属于少数。大多数沙弥和下层僧侣，必须依靠劳动才能糊口——他们出家的目的，本来就是为了衣食。

为此，从楞伽宗的道信禅师开始，他们在为了避祸强调“坐禅”的同时，开始召集门人开始抓佛法、促生产。也就是说，他们开始改变原始的佛教教义中鄙视劳动的做法，把耕田打工也当作禅法修行的必须内容之一。

道信禅师的弟子弘忍，将其师的教义发扬光大，开辟了黄梅禅系。这位大师在禅宗史上那么出名，并非因为他多么精于佛法，也不是因为他是什么理论宗师。他最大的贡献，在于后勤到位，保障有力，使得大批僧众解决了吃饭问题。

自弘忍大师开始，劳动和生产，这种看似世俗的内容，成为僧人的必修课。从此，各地流窜的下层禅众，也有了聚居地，他们的衣食住行，都有了最基本的保障。

这样，作为一个宗教团体，一来可以能静心参禅，二来更可以免遭官府的苛责和怀疑。

日后，达摩法系得到唐王朝国家的承认，全靠被禅宗南宗一派歪曲得一塌糊涂的北宗首脑神秀禅师。

神秀，乃弘忍的弟子。正是因为神秀和他的几个大弟子都被唐朝皇帝拜为国师，禅法才一跃成为官禅。从彼时起，达摩一系才被真正地推崇为佛法正宗。这一点，笔者稍后在讲解偈语颂词的时候再详细解说。

当然，禅宗之所以能在慧能之后广泛流传，完全是因为它植根于普罗大众。所以，南宗得势后的禅宗，禅宗成为“农禅”的肇始和扬波掀浪的开端。

这样一来，僧侣们就能够成为自给自足的经济独立体。稍后，百丈怀海禅师制定的“百丈禅规”，更是从理论上为农禅定下了范式，真正使得本来是穷究义理的佛家禅门，变成了许多劳苦大众避苦就安的乌托邦。

4．怯怯的发问之四：达摩是什么人？

说到达摩这个“老骚胡”，从禅宗历史上讲，恰恰可以概括为五个字：真实与谎言！

说到禅宗的传承祖系，最早给脑上围绕光环的光头和尚排座次的，是慧能的大弟子神会（不是神秀）。

神会编造的祖系名次，其实也不是他自己首创，基本抄袭自慧远的《禅经序》。他从如来开始，把达摩列为第八代祖师。后来，《坛经》、《宝林传》等禅宗书籍，出于自身标榜的原因，更是不断添油加醋，反复往名单里面添加人物，最后，形成了所谓的禅宗“二十八祖”。

如果对此仔细研究，就会发现其人物编排混乱，漏洞百出。至于那“二十八祖”的名字，除了如来、迦叶以外，笔者不想浪费笔墨写出来，因为不仅读者记不住，笔者也记不住。

还好，岭南本地为慧能树碑立传的《曹溪大师别传》删繁就简，虽然也罗列“二十八祖”，标示禅宗的源远流长，但对于中土谱系却因陋就简，直接把达摩尊为“中华第一祖”。

那么，达摩，到底是个什么人呢？

最早记载达摩的史籍，应该是杨衒之的《洛阳伽蓝记》：“西域沙门菩提达摩者，波斯国胡人也。起自荒裔，来游东土。”作者还说，达摩当时自称已经一百五十岁，吹嘘自己一辈子走南闯北，游历诸国。到达洛阳永宁寺后，达摩看见建筑物弘盛壮丽，倾慕之下，大绿眼珠子烁烁放光，就在那里住了下来。

从这个记载看，达摩还没有像后来那样被神化得踩根芦苇就能飘然渡江什么的，也不过就是个从波斯来的骗饭吃的和尚。

他的套数嘛，还是老套，编排简历，六十岁的人号称一百五十岁，肯定给人一种错觉：绿眼胡僧肯定有神仙大力丸、回春丹什么的。由此，达摩一定能在洛阳广取布施。

笔者认为，达摩真正的目的，不过是他这个大胡子外国老头羡慕永宁寺的大宅院和好厨房，想赖住不走而已。

到了后来，道宣禅师给达摩作传，就开始对这个人的出身进行渲染，一下子把他祖上给变“阔”了，达摩变成了“南天竺婆罗门种”，国籍嘛，也就从波斯变成了古印度。

道宣禅师为了增添达摩的“职业背景”，还说他先到过南朝的宋国，后来才北渡到魏国。这样一来，达摩的游方乞食，就成为有目的性的随处传法。此外，道宣还大讲达摩活了一百五的神迹，写得神乎其神。

不过，纵观南北朝时代的佛教史料，特别是当时僧人们所撰写的著作，竟然没有一个人提到过达摩这个相貌奇特的外国老头。北齐的大文豪魏收是史学大家，他所撰写的北魏《释老志》，也根本没有提到达摩。

种种迹象表明，从真实的历史上看，达摩这个人是否真的存在过，非常值得商榷。而且，直到隋末唐兴，以达摩为名的禅法才兴盛起来。

说一千道一万，即使人世间确实有达摩（或者菩提达摩）这个人，他的禅法也属于愣伽宗，而并非禅宗。当然，日后的禅师神化达摩的同时，也开始神化他的弟子，纷纷为他们涂脂抹粉。其中，尤其以“慧可断臂”最为有名。

这个故事讲，为了能给达摩当徒弟，慧可雪夜立于门外表决心，“喀嚓”一下子把自己一条胳膊卸了下来，红血洒白雪，表达赤诚。其实，慧可这个人，确实存在。不过，他的那条胳膊，是年青时候走夜路，遇见强盗抢东西，一刀给劈落的，不是自己玩死掐剁掉的。而断臂、剁指、燃肉等自残行为，是隋唐时期佛教信众的一种常见行为而已，跟“追求真理”无关。

达摩，是否真正有这个人，诚乃悬案。至于后世所传的达摩著作，更全属伪造。不过，记在达摩名下的禅书确实不少：《达摩论》、《二入四行论》、《证心论》、《血脉论》等，洋洋大观。这些书目其中的理论，形成了后期系统的“心学”体系。渐渐地，它们弄假成真，被日后的禅师们当成导师著作来研读。至于所谓的“达摩面壁”，原本是指一种修行理念，即讲“心如墙壁，可以入道。”也就是说，“面壁”的原意本来是一种譬喻，本来是默想观心性的，后来却被讹传为老和尚动真格，大臀坐地对着堵大石墙瞎琢磨。

“壁观”心法，可能是早期禅宗一种修行方式，目的在于屏除杂念。具体如何操作，是否像气功一样默想导引，还是一种像“五段锦”一样的自我行气，今人不知。不过，以达摩为名的禅宗，确实与传统的佛教修行有所不同。禅宗强调静坐默想的作用，以“身证”或者“现观”的方式，通过禅思悟道。

由于达摩禅法把悟道和禅思的过程统一起来，就把佛教的理论和实践捏和在一起。由此，禅宗就成为人们成佛悟道的惟一法门了。

当人们用这种超越追寻的态度和奇特的思维方式思考宇宙万物以及探索人生终极所在的时候，退无可退，思想丧失了任何“执着”的落脚点，最终就达到了至高的般若“空空”的境地。难怪，打着达摩旗号的禅宗，越来越吸引众人。

5．怯怯的发问之五：六祖慧能在禅宗历史上那么重要吗？

慧能，一个大字不识的岭南农家子弟，竟然能冲出重围，成为达摩禅系的正宗嫡传。这，不能不说是个奇迹。

慧能，关于这个人，有一点真实无欺：他的的确确是历史曾经存在过的真实人物。如果我们现在到广东韶关的南华寺去旅游，还能看到他坐化后的“肉身”。慧能的真实历史存在，绝对无法否认。不过，有关他的生平，在他南宗弟子日后的添油加醋下，那则是真真假假，虚虚实实。

慧能此人，最早见诸于文字的，当属大文豪王维所撰的《六祖能禅师碑铭》。这个碑铭，写于安史之乱后，是王维受慧能大弟子神会所托而写。而后，唐代文章大家柳宗元、刘禹锡等人，都曾为慧能写过类似的墓志铭。真正把慧能、神秀两个人比试偈语诗句的故事弄得世人皆知的，乃慧能的门人法海禅师所撰的《坛经》。在这个故事中，慧能因为一首偈诗，从一个大字不识一个乡巴佬，最终成为弘忍大师的正宗传人，得到了象征嫡传的“祖师袈裟”。

这样的“传奇”，早在唐代就有许多人表示怀疑。因为，从王维所撰的碑铭和慧能弟子神会所传的《神会语录》中可以看出，根据慧能的年龄，他其实和神秀根本没有同时在弘忍门下为徒的机会。后来的慧能系弟子，为了使争嫡的故事更像真的，他们甚至去篡改王维碑铭中的语句，来去填塞漏洞。如此，反而欲盖弥彰，暴露了禅宗各个派别争夺正统、党同伐异的意图。

不过，随着时间的流逝，慧能与神秀呈偈争嫡的故事不仅没被拆穿，反而越来越像真的。在汗牛充栋的禅宗书籍中，无论翻开哪本，只要说到慧能，就一定会煞有介事地提到那个故事。

当然，抛开慧能、神秀师兄弟赋偈诗、争嫡统的真假不谈，这个故事本身，确实包含着丰富的禅宗哲学内容。以后讨论公案的时候，笔者会仔细介绍。

从原始文献看，慧能不过是个出身于岭南新州的普通百姓，百分百“劳动人民”。他去黄梅一见到弘忍大师，马上就遭到迎头劈问：

“你来自岭南，又是蛮夷乡巴佬，怎么有成佛的念头呢？”

“人虽然来自南北不同的地方，佛性本无南北之分；蛮夷乡巴佬于和尚僧侣不一样，佛性有什么差别吗？”慧能理直气壮地反问。

如此见面，给弘忍留下深刻印象，让大和尚深知这位新来的穷人根器与众大大不同。

后来，慧能离开黄梅，近二十年窜迹于市坊山林。究其原因，大概两种：一是因为他为了逃避政府的徭役和兵役；

二是他当时太寂寂无闻，与所谓南宗禅弟子们传说中的争夺祖师嫡统没有任何关系。而慧能的师兄神秀，更是根本从来没有派过人去追杀他。神秀禅师品性厚道，又是唐朝政府正式承认的“领导人”级别的大和尚，不可能对自己偏居岭南的师弟干出那样下三滥的事情。另外，这二人，根本不是同在一个时间段内在弘忍座下为徒，他们连碰头见面的机会都没有，何谈仇怨。

慧能后来弟子所编造的故事，无非是想通过文学加工，来把他们的师傅传奇化，真实目的，还是想神化慧能，弘扬南宗，竭力想使广大信众对于作为南宗祖师的慧能更加心悦诚服。

历史，确实也给了南宗禅最大的机会。安史之乱后，一直在北方广受尊崇的北宗京派官禅遭到沉重打击。南宗趁机发难，后来者居上，趁势争取到了与北宗平等的地位。他们日后更上一层，最终把南宗禅变成了“正宗”禅宗。

可能有人会问，既然从法海、神会开始，他们就开始极力神化慧能，为什么又在各种记述中渲染慧能大字不识的故事呢？世人都爱攀龙附凤，乱编家谱。势利之心，禅徒不免，就连达摩本人的传说到后来也身家暴涨，波斯老头的祖上被描画成贵族婆罗门。但对于刚刚驾鹤西归的慧能，咋就成了文盲穷百姓了呢？

这不是丢祖师爷的脸吗？

无他，南宗禅的徒众们是为了迎合普通老百姓的心理而已。如同现在的市场写手们号称“草根”的目的是为了赚取真正草根手中的银两一样，当时南宗禅师们大肆渲染祖师慧能是文盲，也是“统战”手段之一，以此来博取更多百姓的支持、布施和同情。

当然，这种文盲成佛的故事，也蕴含着另外一个深层的意思：“佛性之理，非关文字能解！”所以，慧能的不识字，又变成了大彻大悟的关键所在。此外，对于警惕性一直保持得很高的王朝中央和地方官府来说，由于南宗禅宗一直强调“万事忍为先”，号召人们作“顺民”，这自然为当权者所喜推，从而最大程度上又避免了政治风险。

南宗禅宗这种农民式的狡黠智慧，不可谓不大。

慧能，无知者无畏的砍柴匠，终于成为禅宗历史上的中天艳阳。他所开创的曹溪禅，不仅在中华大地上生根发芽，还影响到日本、朝鲜，禅风流渐，甚至远到欧美。特别是慧能的那种“不修为修”的自然主义，对后世的影响甚为深远。这种在当时看来极为极端的思路，却成为日后禅宗的不二法门。当然，慧能本人并不是我们后人想象的那样破经弃论，在禅修方法方面也没有完全流于放任，他还常常教人“忍苦”，所谓禅宗真正潇洒自如和振聋发聩的时代，在他本人活着的时候，还远远没有到来。

但是，由于中国士大夫阶层对于抽象的、玄虚的、形而上的空灵境界一直非常推崇和沉迷，所以才给了禅宗向智识阶层渗透的机会。禅宗那种文人化的趋势，导致了它日益与刻板的日常宗教生活和意识脱节，反而让士大夫越来越把禅宗放到了值得肯定的位置上。

曹溪一滴水，而后导出了曹洞宗、云门宗、沩仰宗、法眼宗、临济宗等五宗。传到宋朝，临济宗大盛，宗下又繁衍出杨岐、黄龙二支，中土佛教的所有流派，几乎都被揽于禅门之下。

禅，基本成为中土佛教的代称。

6．怯怯地发问之六：禅宗如何变成士大夫的“宗教”？

禅宗，追根溯源，本来是失地农民、游方僧人和避乱流民的吃饭宗教哲学。随着时间的推移，它怎么又成为士大夫官僚贵族阶层的精神慰藉了呢？

自从道信禅师在黄梅双峰山中聚众，热火朝天的建设“大锅饭”集体主义模式以后，作为团体宗派的禅宗，就开始成型。可以想见，一向蔑视劳动的佛教徒，忽然成为拿着锄头自给自足的劳动者群体，这种观念上的革新意义，那真是非常巨大。

禅宗的基础人众，除了那些武则天时代被招安、羁縻的北宗禅师以外，多数还属于一直处于颠沛流离境况的劳苦游僧。存在决定意识。他们这些人，相对于当时那些“正统”的佛教徒，肯定具有更强烈的批判精神和反潮流思想。饱经苦难的头陀游僧们对人世间的观察，肯定一直带着冷峻、犀利的眼神。在与“传统”格格不入的同时，农禅的僧侣们，也日益享受着他们凭借自己双手创造出的“桃花源”。

当然，早期禅宗中，崇拜怪力乱神的“神通”痕迹还很明显。禅众坐禅的目的，大多还是想获得达致那种上天入地、移海搬山等无所不能的法力。世易时移，水足饭饱后，禅师们逐渐不再竭力弘扬那些神异奇事，而是把禅定当成追求。他们在宁静的心理境界方面大下功夫，通过不断的实践，排除各种痴迷的妄想和“禅病”，以禅治禅，灭除幻想幻念，最终想达向心灵的圆满。渐渐地，这些山野中自由僧侣们恬淡、自然、与世无争的生活场景，他们能给人以方便的“无念”与“顿悟”，以及他们内省的精神自疗法和潇洒的超脱，使得那些一直饱受名教束缚和官场倾轧的士大夫阶层，蓦然产生了悠然神往之情。在清净无垢到自然适意的递进过程中，那种对心灵纯明澄澈的追求，吸引了越来越多的具有“慧根”的士人。而且，禅宗本身特有的叱佛责祖的犀利批判精神，也越来越受士人所青睐。于是乎，士大夫们争相仿效跟风，追随禅师，遁入山野寺院，钻研经书典籍，去揭批外间的世事人情。

“达则兼济天下，穷则独善其身”，这种中国士人骨子里的老庄主义，最终与禅宗的山林田园主义合流。

中国的士大夫，终于在老庄以外又找到了一条安全的、舒适的避世自欺之路。

禅宗虽然是宗教，但是它具有着鲜明的、建立在无常观念基础之上的怀疑主义哲学体系。由此而衍生出来的广具神秘主义的禅语机锋，更让自诩为智识阶层的士大夫们心仪、兴奋不已。

派系的倾轧争斗，改朝换代的血肉杀戮，蛮族的马蹄蹂躏，皇权的刀锋劈砍，在禅语和梵音之中，逐渐得以淡化和消解。越来越多的读书人，加入到禅宗的“炒作”活动中去。

所以，从唐朝开始，在禅林的霭霭烟雾缭绕中，绰约着那么多风神俊秀的士大夫身形。到了北宋、南宋时代，中原王朝的崩溃和文明的高度发展相并而行，中国人精神深层的忧患意识和消沉意志，也与禅宗纠合在一起，互为影响。

禅宗，作为社会学意义上的一种宗教，肯定离不开时代的变迁。所以，从前朴实无华的“农禅”，到了宋朝，一变而成为文采蔚然、锦绣斑斓的机锋妙语。在禅宗神秘主义的诡秘微笑中，士大夫们终于长吁出一口大气，禅修之中，缓释了他们内心的惶恐与紧张。而且，传统佛教那种把人的心灵分成性与情的两半，根本不符合中国文人的人生情怀，更与士大夫们的生活态度格格不入。禅宗对佛教的“简单化”，恰恰在摆脱神迹和魔力的同时，把枯燥的佛学义理变成了人的缥缈感受。禅宗，使得中国文人能够把宗教修行变成一种生活体验，也使他们把高深莫测的精神终极境界转化为让人愉快承受的艺术境界。

暂且不谈“即心即佛”的“心”到底是绝对空明的佛性抑或自然的人性，仅仅禅宗的顿悟与空观，就让文人士大夫把中华思想世界的终极意义最终能够内心化和自主化。通过禅宗，儒家的“道不远人”与道家的“寂漠无为”，完美地与佛教的“心色俱离”糅合在一处。最终使禅宗变成文人士大夫文学内容和“精神保健品”的关键的，当属宋代《景德传灯录》的刊行和流传。这本书中，那些传奇话本一般的众多“公案”故事，让文字禅顿然而兴。

奇文丽句，遍布典籍；颂古评唱，挂于众口。玄妙的禅境，更把禅宗从青灯枯座中解放出来，成为“拈花微笑”的神秘快意。非理性主义的禅宗，反而成为文人墨客摆脱烦恼的欢喜奇妙根源。

禅宗的活泼，又化解了士人心中此岸与彼岸以及世俗与神圣的尖锐对立，使得文人士大夫在信仰之外拥有了某种非常超越姿态的精神世界，也使得他们日常生活的情趣大为生色，以至于禅宗在中国知识分子中间扎根极深。

回顾过后，我们可以发现：禅宗，一直是随时代的发展而发展。南北朝、隋唐、五代的禅宗，还是流民阶层的“农禅”为主流；而两宋时代的禅宗，就振衣抖袖，变成了文人士大夫书橱中的高级精神治疗剂。

正是在中国古代社会特有的氛围中，禅宗才那么悠远绵长地流传着，才把农民和士大夫两种截然不同的人群，拉到同一口皇皇大钟之下。

元代而后，由于统治阶层处心积虑地加强控制，专制的阴影日益厚重，无论是农民还是士大夫，都越来越丧失精神独立性，作为特立独行的禅宗，自然也随之日益沦落。所以，给与我们精神以极大愉悦意义的禅宗，其实应该属两宋时代的经过艺术加工的文人禅。

当沉重的信仰，变成了潇洒的生活哲学，人生，也就变得温情脉脉而且好玩了。在看似玄奥的机锋话语中，在谜语一样的譬喻和场景设置中，禅宗，随之时代的变化，它的意义和形式也在不断变化，让人觉得越来越亲切，最终融化在我们中国人的文化血液之中。

至今，禅宗仍然塑造着我们的民族性格。

7. 怯怯地发问之七：“禅”的基本要义是什么？

禅宗的宗教哲学，汪洋恣肆，上通下达，绝非仅仅是公案故事中那些禅师们让人会心一笑的话语和机锋。

传说中的达摩，在对徒弟宣讲的时候，总是手中高举《楞伽经》。到了弘忍和他的弟子们，也依然把这部经书当成“红宝书”。

《楞伽经》处处讲“心”，与禅宗讲求的“万法唯心”理念，完全符合。而且，此经一直强调“无相”的观念。它依靠无相，来破除妄念，并且以无相来显实相（涅槃、法身、真如）。也就是说，《楞伽经》主要想给人以证悟，一切常识的觉和知都是不真实的，只有破除“执”后的空寂，才是真实。

但是，慧能的大弟子神会，迈出了关键性的一步。神会认为，人间世，不仅物质实体是虚幻的，连“心”（精神）也是虚幻的。也正是从神会开始，《金刚经》取代了《楞伽经》的地位，成为禅宗的“最高指示”。然后，《圆觉经》、《楞严经》相继成为禅宗的哲学理论依据，构成支撑禅宗的鼎力三足。

说到禅宗最重要的经典著作，尤属《大乘起信论》最为独特。

这本禅宗典籍之所以有名，在于它在宣扬出世追求同时，又温情脉脉，大力体现了随俗人世的高远不羁的情怀。由此，高妙不可企及的天国，完美地展现于人们内在的心灵之中。这部化名“马鸣菩萨”所作的禅学巨著，达成了印度佛学与中国文化的巧妙结合。

《大乘起信论》，可称是凝聚了《华严经》、《楞伽经》、《涅槃经》等佛教“如来藏”思想的精华，它发展了印度原有的空、有二宗，认为染净同于一心，宣扬“心性不二”。在方法论方面，《大乘起信论》利用“一体二面”等中国哲学理路，通过体、相、用的不二关系，沟通了生灭变化的现象与永恒真理，揭示出“在世”与“出世”的二面，由此克服了印度空、有二宗的各自局限性，创造性地提炼出“心性本觉”的学说。

这部禅宗著作，为佛学的“中国化”，开拓了一个崭新的境地。

“诸佛与一切众生，唯是一心。”禅宗的“心”，就是自性。也就是说，人的二自性，从来未曾生过，也不曾灭过，无形无相。所以，自性就无所谓有与无。(禅宗的“有”、“无”与道教的概念不一样)

禅宗从五祖弘忍开始，就强调“守本真心，妄念不生”，这完全出自《起信论》“一心即摩诃衍”的说法，特别突出了当下悟人心真如门的顿悟方式。六祖慧能的“无念为宗，无住为本”，是从生灭门直下悟入“真如本觉”的证悟方法。相比其师兄神秀禅师由生灭门出发经由“始觉”到“究竟觉”的渐修，慧能“见自本性”的顿悟，迈出了更大的一步。

禅宗南北二宗的基本区别，正在“顿悟”、“渐悟”之间。至于顿悟的法要，百丈怀海禅师一席话最为画龙点睛：

“汝等先歇诸缘，休息万事。善与不善，世出世间，一切诸法，莫记忆，莫缘念，放舍身心，令其自在。心如木石，无所辨别。心无所行，心地若空，慧日自现，如云开日出相似。……是非好丑、是理非理，诸知见情尽，不能系缚，处处自在，名为初发心菩萨，便登佛地！”

总之，相比佛教的其他宗支，禅宗具有下列卓尔不群的理论特征：

第一，“缘起”的理论。从辩证法来说，就是因果论。禅宗认定世间万法，皆是循因而起，因果相依。

第二，“无神”的概念。禅宗与一般的佛教不同点在于，它崇佛，却不佞佛。因为，它强调："佛是众生，众生是佛。"

第三，"无常"的观念。也就是动态观。禅宗认为，世界万物，皆流转不定，所以，所有的事物都处于永恒不息的运动和变化之中。

至于禅宗的理论最核心的内涵，无外乎两个字："空"与"无"。这种"实相般若证入"的理论，是一种超越了表象、深究世间万象原由的认识论。

禅宗对"诸法空相，是为实相"的强调，反而使得禅宗成为了一种灵活、辩证、活泼、深邃的哲学，并最终蔓延到了整个东亚的文学、艺术、建筑、音乐等各个领域。

南宗禅，在《般若经》和老庄哲学的基础上发展，最终使得禅宗的信仰者能从宗教苦修中解脱出来，得到更加明快、简洁的修证路径，使得禅宗理论摆脱了早期原始佛教的束缚，进入了海阔天空的中国禅的世界，也打通了世俗世界与宗教世界从前完全隔绝的藩篱，把佛性与人心最大限度地融合在一起。

一旦禅宗消解了鬼神与来世的概念，把自心的清净当成终极目标，逻辑与理论的束缚就得以最大限度的消除。宗教信仰成为了自觉的事情，修行形式顿化为简捷的感悟，戒律与道德的桎梏变为自心澄明的佛陀境界，于是，宗教的光荣，反而容易因"即心即佛"的纯智慧的心灵感悟而得以更加普遍的弘扬，并从世俗的尘嚣中秀然而出。

当禅宗南宗以“自然”为终极世界的思想沟通了此岸世界和彼岸世界，宗教就实现了人间化，般若达成了生活化。由此，相比于北宗禅那种让修行者通过苦修而追求解脱的浓重的宗教色彩，南宗禅更能对症下药，对于中国人偏重实际的态度做出了巨大的倾斜，缓解了文人士大夫的心理重负。

六祖以后，五宗分灯。也就是说，在慧能之后，相继发展出沩仰宗、临济宗、曹洞宗、云门宗、法眼宗等五个支系，他们各自分花散叶，使得禅宗的理论不断得以发展和丰富。也正是从那个时候开始，中土佛学就把“禅”作为了核心LOGO；中国的寺庙，也几乎都被称为“禅林”。

自中唐以后，南宗禅已经完成了佛禅中国化的进程，般若之空，老庄之无，相依相联，融会贯通，成为日后中国文人士大夫不可或缺的心理基因之一。

当然，禅宗由于其内在理路的缺欠和自然主义的放任倾向，也促成了它日后宗教性的内部瓦解。大动乱时代后散乱的人心，需要强有力的戒律去束缚和重整。而禅宗宗教性的逐步衰减，使得它不能担负起一种宗教重建世俗秩序的重任。

无论如何，禅理与中华文化水乳交融，让人爱悦不已。同时，禅宗给中华古代的文人士子留下了相当丰厚的、精彩绝伦的艺术思想和人生思想，成为大变动时代的镇痛剂和止血剂。

曹溪一滴水，巨浸竟连天。

禅宗传法世系表

- 普提达摩—慧可—僧粲—道信—弘忍
  - 神秀
    - 普寂
    - 义福
  - 慧能
    - 南岳怀让—马祖道—百丈怀海—沩山灵佑—仰山慧寂
      - （百丈怀海）—黄檗希运—临济义玄—兴化存奖—南院慧颙—风穴延延沼
        - 首山省念—汾阳善昭—石霜楚圆
          - 杨岐方会—白云守端
            - 五祖法演—佛果克勤—大慧宗杲
          - 黄龙慧南—黄龙祖心
            - 东林常总—宝峰克文
    - 青原行思—石头希迁
      - 天皇道悟—龙潭崇信—德山宣鉴
        - 雪峰义存
          - 云门文偃—香林澄远—智门光祚—雪窦重显
            - 天衣义怀
          - 玄沙师备—罗汉桂琛—法眼文益
            - 永明延寿
      - 药山惟俨—云岩昙晟—洞山良价
        - 曹山本寂
        - 云居道膺…………天童正觉
    - 菏泽神会—圭峰宗密
    - 永嘉玄觉
    - 其他五十九人

中篇：28 个好玩的公案

什么是“公案”

公，“官方”的意思；案，律条，法条。公案，也就是禅宗的“官方律条”。

禅宗用“公案”这个词，来作譬喻，作样板，作榜样，目的是为了旁敲侧击地揭示真理，破解学人的执着，化迷为悟。有些时候，公案也被称为“机锋”，也就是刺解学人迷惑的话锋、刀锋。

由于禅宗一直标榜“直指人心，见性成佛”，强调从人内心去觅取佛性，所以，就很难有典籍可作为真理性的东西去依循。长久以往，禅宗中的古僧大德，他们教化学人的时候，有问有答，千奇百怪，棒喝拳击，机峰相对。于是，徒众将这些问答、行为记录下来，就成为后人修学的“公案”。

禅宗公案，林林总总，能摆上台面的大概有近两千个。笔者从中拮取了 28 个，主要是从南宗禅中选取，以彰示禅宗大师们那些快刀斩乱麻式的、使人顿悟的本领。

公案的迷人之处，在于它的诗喻特点和象征意义。通过研习、解读古代禅师的公案，我们从他们的诗情画意中和电光石火的机锋中，可以发现浑如的意境，高华的风格，玄妙的禅机，能发现那些生命中流动的轻灵和灿若朝霞的感悟。

公案多多，有些可解，有些不可解；有些悟性高的人，一眼就可看穿；有些悟性低的人，至死也不明白。当然，这其中也不排除故弄玄虚的，瞎胡扯的，歪门邪道的，离奇无理的，特别是越往后，“公案”就越不好作，只能去博更大的离奇出位来表示禅师自己的道行高深，弄不好吧，就过犹不及，让人觉得是丑人多作怪。

禅宗历史上那些真正的“顿悟”案例，如果不加以禅宗典籍的解读和解释，现在我们这些在滚滚红尘中追逐名利的人，要通过“公案”中电光石火的三言两语，去实现、去理解禅悟和禅证，真比骆驼穿过针眼还难！

1．“廓然无圣”的胡僧

禅宗中涉及历史上“真人真事”的第一个公案，主人公有两个人——一个是达摩，禅宗历史上最大的传奇，似乎没做什么事情就成为中华初祖；另一个是梁武帝，乃中国第一个佞佛痴迷到亡国的皇帝，数次舍身到佛寺为奴，最后却被活活饿死。

据说，达摩曾经到达梁朝的首都金陵，得到梁武帝的接见。梁武帝很想得到别人对自己佞佛的赞许，就问达摩：“朕造寺度人，建庙写经，功德应该够大了吧？”

达摩直率地回答："陛下无功德。"

梁武帝不悦，接着问："什么是佛教圣谛第一要义呢？"

达摩："廓然无圣。"

梁武帝不解。怒气加重，接着问："对朕言语者，又是什么人呢？"

达摩："不知道！"

梁武帝大怒，即时把达摩遣出。

达摩见在南朝不能传法，就登乘一苇，飘然渡江，到达了北方魏国的洛阳（拓跋氏的北魏），到嵩山面壁修行。

达摩离开后，梁武帝向梁朝的大和尚志公问起达摩的为人。志公和尚说："陛下你错过大好机会了，此人是观音大士化身，来中土传佛心印的。"

梁武帝大悔，立刻下诏让人去北朝请达摩回来。

志公和尚说："别说陛下您遣使去召唤他，就是我们梁国全国的人去请，他也不会回头啊。"

我们假设这个故事是真的，先讲讲这个公案的寓意。

达摩与号称"佛心天子"梁武帝的问答，着重体现出禅宗的本心论。

禅宗认为，本心自性，最根本的特征就是它的超越性。一切善恶、迷悟、有无、色空、染净等相对立的二元观念，在自性澄明的本心中，都应该得到超越。如果粘滞于相对的概念，那就是妄念。所以，梁武帝起寺建庙的功德念想，还是蒙蔽本心的情尘之思。所以，达摩对此，断然予以否定，表示说这些事情并无功德可言。

梁武帝问“圣谛第一义”，就是问佛法的真谛（深妙无上的真理）是什么。这个问题，对于僧人来说，其实最难回答。不料，达摩短短四个字，斩钉截铁：“廓然无圣！”梁武帝没有什么慧根，自然心生恼怒。这位身登九五帝王不理解，真正的本心，如同宇宙虚空，广袤澄明，无始无终，超凡超圣。言语根本不能表达，明心才能见性。所以，达摩才说是“廓然无圣”。不解之余，梁武帝的气恼更加发散：既然你这个绿眼和尚说“廓然无圣”，外人都哄传你本人就是个得道的“圣人”，那么，站在朕面前的你，到底又是什么人呢？

达摩漠然，以“不知道”三个字回答。

面对如此没有礼貌的答语，梁武帝自然动怒，把达摩哄走了事。

其实，达摩的回答，不是回答他自己是谁的问题，而是从禅的意义上回答梁武帝“自性”的问题：

我的本心真性，完全是空性，它与万物合一，超凡入圣，超越任何名相。由此，必须要用“不知道”来表示。

执着于名相的梁武帝，对如此高妙的禅境，难以把握，错过了机缘，最终与达摩失之交臂。

梁武帝后悔吗？梁朝人后悔吗？后代的人替他们后悔吗？

对此，宋朝的雪窦禅师吟唱道：“休相忆，清风匝地有何极！”并对徒众大言：“达摩祖师存在过吗，如果有，让他过来给我洗脚！”

这种境界，才是真正的大悟境界——真正彻悟澄明的本心，根本不需要外物，更不需要什么“祖师”，这才是到家的“廓然无圣”。

所以，廓然无圣，最能表现出禅宗那种超越本心的高妙。禅悦的神髓，尽显其间。

这种语言般若的智慧，不是一般人能得悟的。

金屑虽贵，落眼为翳。

管他帝王、神王，只要没有悟性，照样不受禅宗大德的待见。

现在，我们再来谈谈这个故事的真伪。

达摩见梁武帝，绝对是南宗禅宗弟子虚构的事情。

最早记载这个故事的文献，大概是《菩提达摩南宗定是非论》。而这本书中记述的内容，只是梁武帝问达摩自己造寺写经是否有功德，达摩说“无”，即被谴出。而后，《历代法宝记》、《祖堂集》等南宗所撰写的“文献”，日益添枝加叶，梁武帝和达摩的对话越来越多，人物和故事越来越“丰满”。

到了宋朝，禅宗弟子们又加入了达摩踩踏一苇，从金陵飘然渡江的“细节”。

仔细研究佛教的发展史，可以发现，达摩见梁武帝的故事，其实取材于印度僧人真谛得到梁武帝“亲切接见”的记载，但当时两个人的交谈详情，史书并无记录。

而这个真谛和尚，确实有轻功的功夫，他能端坐荷叶之上飘然渡水。

轻功坐荷叶，为什么后来演变成“一苇渡江”了呢？这个衍化，可能出自道宣和尚的叙述：“（我）居无常师，追千里如咫尺；唯法是务，跨关河如一苇。”

本来，道宣的“一苇”，是种比喻，喻指关河在道宣看来只有“一苇”之窄之小。但是，后人望文生义，把“如一苇”误认为是“渡一苇”，并把此嫁接到达摩的故事里面，慢慢的，就变成了碧眼胡僧“一苇渡江”了。

梁武帝的佛教信仰，说实话还是非常纯正的。但他建寺造庙，持斋讲经，过度佞佛，禅宗北宗的神秀禅师在《观心论》中已经对此展开批评，认为他这种做法还是执着于“事相”，没有注意修心的实践。

南宗禅宗对梁武帝进行大肆抨击，并非是攻击他修建寺庙的举动——如果公家不建寺庙，教团和尚们住哪里去！南宗禅众讥讽梁武帝的真正用意，在于他们否定梁武帝那种皇家寺院的“官禅”气味，认为宗教价值应该高于国家政权。

当然，南宗禅宗对于梁武帝的各种讥评，也有势利的因素在内。唐朝以来，上有明君唐太宗，下有名臣韩愈，都对梁武帝“事佛求福，乃更得祸”的佞佛亡国竭力批判。为了避免给当权者“佛门害政”的印象，南宗禅宗自然要作表态。

所以，现实之中，要真正达到公案中绿眼达摩“廓然无圣”的境界，其实很难。

2. 本来无一物　何处惹尘埃

提起禅宗的六祖慧能，无论是基本的扫盲，还是深入的释疑解惑，都离不开他和师兄神秀的那一段比赛偈诗得传法袈裟的公案。

我们既然来谈这个公案，就不再细缠这个故事的真假问题，而是通过这两首禅宗历史上著名的禅诗，去领悟禅宗，去把握精髓。

这个故事，这两首偈诗，能把我们一般的读者从佛教烦琐的名相分析中解脱出来，以文学的愉悦心情，去领悟禅宗那轻灵的文字，去感受顿悟的灵感。

先来讲讲慧能去弘忍大师那里学法的经过。

慧能这个人，籍贯据称是范阳（今河北涿州）。后学为了给祖师拔高，在《坛经》上讲，慧能的爸爸曾是朝廷官员，犯事被贬到岭南的新州（今广东新兴）。

慧能的父亲早死，他很小就与母亲相依为命。后来迁移到南海，在市上卖柴过活，艰辛贫乏，一直过苦日子。

一次，慧能送柴到客栈给一个旅客，听客人正诵念《金刚经》，心下大悟。他急忙问客人何处得经，对方告知是从蕲州黄梅县东禅寺来，说那里有个弘忍大师，常常劝服僧俗众人修持《金刚经》，可以见自性，能成佛。

慧能慧根大动，马上安顿了老母，晓行夜宿，翻蹄亮掌地玩命赶往黄梅去见弘忍。

弘忍见到慧能，就问："你是哪里人，来此何求？"

慧能："弟子乃新州百姓，远来敬礼大师，惟求成佛，不求其他！"

弘忍："你是岭南南蛮，怎么能成佛！"

慧能立刻答言："人虽分南北，佛性本无南北；我身为南蛮，与大师您不同，但佛性有什么分别吗？"

弘忍大师知道对面来人不是凡器，见周围众人嘈杂，就佯装呵斥，让慧能去碾房干活去。

这种劳改一样的苦工，一干就是八个多月。

上述这种"文学"描述，很有"天降大任于斯人也"的意味。

此后，弘忍大师暗中对慧能说："我知道你这个人不同凡响，怕有恶人害你，所以不当众和你对话，你应该知道我的心意。"

种种铺垫，无非是为后来的神秀出场和慧能续偈打底，牵出日后禅宗南北两宗的矛盾。

一日，弘忍大师唤来诸弟子，表示说："你们可各作一偈来呈给我看，如果有人真能领悟佛祖大意，我会把袈裟传给他，让他接替我当第六代祖师。你们赶紧去作，不得迟滞。见性明悟之人，肯定言下可为。如果思量踌躇，谈不上大悟。”

众弟子退下后，私下都表示说：我们这些人，根本用不着费事去作偈语呈给师傅。神秀和尚是教授师，为上座门人，他众望所归，我们就等着看他的偈语吧。

不料，神秀自己心中打鼓：“诸人都不呈递偈语。如果我不呈偈，弘忍大师不知道我对佛法理解的深浅；如果呈递偈语，求法证心是件好事，可如果被别人揣测为我是要苦求六祖的名分，那就不好了。但是，如果不呈偈，大法终不可得……”

犹豫再三，神秀数次想到禅堂呈偈，却前后四天、多达十三次，就是腿肚子转筋，彷徨犹豫，没有敢直接把偈语递呈给弘忍大师。

最后，神秀想出了一个自以为是的馊主意：半夜执灯，摸黑在南廊的墙壁上偷偷写下偈语。

他这样想：如果弘忍大师看到后叫好，我就挺身而出；如果弘忍大师说不好，我也就无脸再在黄梅呆下去，准备溜下山去走人。

于是，神秀半夜鸡叫，在南壁上写下如下四句偈语：

身是菩提树，心如明镜台。时时勤拂拭，勿使惹尘埃。

弘忍大师见到偈语后，当众表示说要把此偈语留在南壁上，夸奖此偈可以帮助人免堕恶道。

私下里，弘忍把神秀单独唤至堂内，明白对他表示说：

“你所作偈语，未见本性，只到门外，还未能真正入门。你先回去，仔细思忖，再作一偈，拿来我看。如果偈语能参透佛法大意，我就把衣钵传给你。”

神秀回去后，百转愁肠，精神恍惚。

对慧能来说，千载机会，从空而降。

寺内有一童子看了南壁上的神秀偈语，口中朗诵。恰恰他从慧能干活的碾房路过，被慧能听到。

慧能要求童子带他到南壁去看看偈语。

当时，南壁前有个名叫张日用的小官正在朗读神秀的偈语。慧能就对他说，“我也有一偈，请您帮我写在墙壁上”。

张日用见慧能不识字，穿戴又破旧，觉得很可笑。“你这样的也想作偈语，真是稀罕事！”

“下下人有上上智，上上人有没意智。如果随便轻蔑别人，那可要犯无量无边罪！”

张日用闻言大惊，感觉面前的这个粗汉智力不凡。“好，你说你的偈语吧，我为你写在墙上。日后你得大法，别忘了先度我得道啊。”

于是，慧能大声诵偈：

菩提本无树，明镜亦非台。本来无一物，何处惹尘埃！

寺内僧徒见此偈，大相惊讶，都啧啧称奇。

弘忍大师怕有人对慧能不利，就当众用芒鞋把南壁上慧能的偈诗擦去，表示说："这首偈语，也未见性。"

而后的事情，越来越故事化，一般人也耳熟能详。就是半夜弘忍大师再去暗中去找慧能，认为他已经"识尽本心"，就把衣钵传给他，让他当第六祖。然后，为了怕别人害慧能，弘忍大师连夜自己划船，把慧能送到安全地带，让他远走高飞，离开是非之地。

到此，我们先回过头去讲讲神秀和慧能的这两首偈诗。

神秀的偈诗，其实作得很不错，体现了禅宗的"渐"悟和"渐"修。其实，禅宗虽然一直推崇电光石火的顿悟，但是平常人要顿悟，也不能总依靠灵光一闪。

传统的禅法，确实一直强调人心本净，要防止客尘侵染，坐禅的目的也是来铲除污垢，还达清净。但是，神秀的"时时勤拂拭"，显出他还没有把"净"、"垢"分别的意识擦掉，还想去清除与"清净"相对立的"尘埃"抹去。

如此，神秀自己把自己绕在了相对的泥沼里，自己内心反而不"清净"了。

据敦煌本的《坛经》，慧能当时其实写了两个偈：

> 菩提本无树，明镜亦非台。佛性常清净，何处惹尘埃！
>
> 心是菩提树，身为明镜台。明镜本清净，何处染尘埃！

如果从这个早期本子看，一句“佛性常清净”，证明了慧能的见识不会比神秀高出多少。但是，到了宋朝惠昕本的《六祖坛经》，慧能的偈被后人改编，变成了我们现在流行的一个偈语，原先的两个偈子被压缩成一个。

看似简单的压缩，却使得慧能的偈语一下子出神入化起来。

因为，在神秀偈语基础上发展起来的慧能的偈语，把净与垢的相对意识完全扫除掉，真正把佛性归于完全的清净。

南宗弟子把慧能的“佛性常清净”改成“本来无一物”，如此，慧能的偈语，就一跃成为最透彻的禅悟妙境。

清风明月天然调，抱得琴来不用弹！

禅宗认为，人的意识发展过程，其实就是人自我迷失的过程。随着人越来越长大，他从婴儿时代那种本真的状态脱离出来，固执地一步一步迈入二元的世界，陷入是非、得失、美丑、善恶等迷惘之中不能自拔。由此，不尽的焦虑与痛苦，就伴随着人的一生。

为此，禅宗的目的，就是要恢复人的“本来面目”！

只有抛弃一切相对的知识，摒弃所有的自我意识，消灭对立的概念，六根休歇，回到“无心之心”，才能找到“本来面目”，才能找到我们自己的“佛心”，也就是“主人公”，也就是“真我”。

当然，禅宗的“本来无一物”，不是“什么都没有”，而是指无染无净、不生不灭、无来无去的精神存在，绝对不是枯井死水一样的顽空和断灭空。

所谓的“一念不生”，不是“心如死水”，而是潇洒地证悟纯真的本心，回到涅槃妙心。

消泯了主客对立，我们就会有真正明澈的心去感知世界万物，而且直达万物的根本内核。由此，瞬间顿悟永恒，冲破生死，毁誉不惊，八风端坐，抛弃执着，真正持有恬淡的心怀。

一花一草，一木一石，真空妙有之中，都能让我们发现生命的永恒。清纯无染之下，来去自由，心体无滞，我们就能回到心的原始清净本态，高度诗意地栖居在大地之上。

今天，如果去广东韶关的南华寺，我们还可以见到慧能的号称千年不坏的“肉身”。香烟缭绕中，无数信众顶礼朝拜。

其实，如果看过广东省考古所所长徐恒彬作《南华寺六祖慧能真身考》以及法国人戴密微（Paul Demiéville）的《Choix d’études sinologiques》一书，就会知道，慧能的“肉身”，太近似于雕塑。

制造慧能大师肉身的这种雕塑方法，就是“夹苎雕塑法”，乃我们中国独特的造像方法。

慧能大师圆寂前，他身披袈裟，双腿盘屈，打坐入定，不吃不喝多日，体内营养和水分逐渐耗尽，最终坐化圆寂。

他的徒弟，大雕塑家方辨等人，将慧能遗体放在两个盖密的大缸之中的木座上，座上有漏孔，座下放置生石灰和木炭。慢慢地，内脏和和腐烂的有机物流滴到生石灰上，水分被吸干，遗体就变成保持坐姿的肉身干体。

在此基础上，方辩开始加工塑造。他们先上香泥，其次加布，再以铁叶、漆布固颈。

由于雕塑方法独特，技艺高超，所以，中国有这么多肉身，惟独慧能的肉身栩栩如生，俨若真人。

“本来无一物，何处惹尘埃。”

慧能大师地下如果有知，对于信众对他自己生漆壳子肉身的崇拜和执迷，不知做何感念？

3．色即是空　空即是色

拥毳对芳丛，由来趣不同。发从今日白，花是去年红。

艳色随朝露，馨香逐晚风。何须待零落，然后始知空。

一日，文益禅师应南唐主李璟的邀请，到宫中说法，二人相谈甚欢。良辰美景日，花园赏花时，法眼禅师随口歌诗。

这首诗，既有深邃的思想，又有曼妙活泼的禅趣。

生命如此短暂，绚烂、短暂得如朝露一般，而释放的芬芳，恰如一阵晚风。由此，我们一定要把握现在，实现生命的意义；更重要的，一切生命及色相世界，皆生住异灭，刹那而生，刹那而灭。所以，我们不能执着，不能为障碍烦恼所阻。花开不必喜，花落亦不必悲。

文益禅师的诗，单刀直入，直指本心，空色之喻，尽显其中。

《心经》，在汗牛充栋的佛教经典中，字数寥寥，仅仅二百六十个字，其中属玄奘大师所译最为精到，基本凝缩了《大般若经》六百多万字的精粹：

观自在菩萨，行深般若波罗蜜多时，照见五蕴皆空，度一切苦厄。

舍利子，色不异空，空不异色；色即是空，空即是色。受、想、行、识，亦复如是。

舍利子，是诸法空相：不生、不灭；不垢、不净；不增、不减。是故空中无色。无受、想、行、识；无眼、耳、鼻、舌、身、意；无色、香、声、味、触、法。无眼界，乃至无意识界；无无明，亦无无明尽；乃至无老死，亦无老死尽。无苦、集、灭、道。

无智亦无得，以无所得故。菩提萨捶，依般若波罗蜜多故。心无挂碍，无挂碍故。无有恐怖，远离颠倒梦想、究竟涅槃。三世诸佛，依般若波罗蜜多故。得阿耨多罗三藐三菩提。

故知般若波罗蜜多，是大神咒，是大明咒，是无上咒，是无等等咒。能除一切苦，真实不虚。

故说般若波罗蜜多咒，即说咒曰：“揭谛！揭谛！波罗揭谛！波罗僧揭谛！菩提萨婆诃！”

《心经》最后的咒语，是梵语音译，意思是：“去啊！去啊！到觉悟的彼岸去啊！大众都去啊！愿速速证菩提啊！”

“般若”，梵语“智慧”的意思。其实，佛经中有些词语是不能翻译的，般若，不仅仅是狭义的“智慧”，而是真智妙慧。运用“般若”来观照和禅悟，就可以最深邃、最透彻地领悟佛法。

“五蕴”，也称“五阴”、“五聚”，即色、受、想、行、识。我们的性德，总是受这五种因素残害。“五蕴”，由于属于因缘所生法，其实都是没有实体的，所以称为“空”。

“五蕴”的设立，正是要破除众生的“我执”。

“一切苦厄”，包括自我和外在的两种。自身的苦，就是生老病死；外在的苦多一些，包括怨憎会、爱别离、求不得，等等。

众生有苦，正是以为自我乃实体，凡事以自我为尊，故而产生如许多的痛苦。如果彻悟了无我之境，一切皆空澈澄明。

“舍利子”，就是佛性，告诉我们说，一切有形质的万物(色)，与其相对的“空”，都是相辅相成的，相互对应的。所以，“色即是空，空即是色”！

这种“空”，不是我们能见到的“天空”的空，“天空”的“空”，还是属于“色”。禅宗中的“空”，认定万物虽然有实相，但都是因缘相聚的假体。真体显现的时候，一切“相”都归于空寂。

值得我们注意的是，禅宗所谓的“空”，不是什么都没有的断灭顽空，是真正的妙“空”，也就是色蕴的本体所在。

大千世界，没有离开“五蕴”的“空”，也没有离开“空”的“五蕴”。

如果真正能参悟色空，我们就能明悟“烦恼即菩提”、“生死就是解脱”、“人世就是涅槃”的妙意，就能避免沉溺于不可解脱的破灭顽空，就能认识至妙的“真空”，就能消泯无明的烦恼、破除虚妄执着的“我”。

如果能达到色空明悟的境界，自然能回机起用，自度度人，双运大慧。

经过对“五蕴”、“十二缘起”、“四谛”、六根、六尘、六识等一切法的否定后，扫清云翳，《心经》让人能深悟“诸无”的妙趣。

同时，我们还可以体证“诸法缘生假有”。在此种宗教实践的指导下，我们重新观照世界，就能发现“三界唯心，万法唯识”，深谙一切都是梦幻空花，都是心灵的变现。

能体证了诸法之空，就会破除执着，收取智慧之果。如此，必能深入浅出，明心见性，臻至如下境界：

声色头上睡眠，虎狼群里安禅。荆棘林内翻身，雪刃从中游戏。竹影扫街尘不动，月穿潭底水无痕。(《五灯会元》卷十六)

4．利剑斩却万根丝

话说六祖慧能得到弘忍大师的祖师傅衣钵后，返回岭南，隐居起来。这一隐，就长达十五年之久。

唐高宗仪凤元年（676），慧能才公开露面。正月初八，慧能去到广州法胜寺礼佛。当时，印宗大师在此住持。

暮夜时分，晚风吹扬起寺庙的旗幡，庙内的两个僧人就开始争论。一个说，是“风在动”；一个说，是“幡在动”。两个人往复争论，使出看家本领，引经据典，互不相让。

争吵间，引来不少僧人围观。

衣服鄙劣、貌不惊人的慧能，忽然在旁边插嘴说了一句：

“不是风动，不是幡动，是你们的心在动！”

众人闻言大惊。

印宗法师得知此事后，认定慧能不是凡器，很快就为他落发剃度，并广召僧徒，为慧能举行特别隆重的授戒仪式。

尽显头角峥嵘后，慧能在第二年春天离开了法胜寺，北去南华寺，开山传法。三十七年间，他广传禅法，度人无数。

幡动，风动，心动。这个公案，看似简单，其实蕴含幽深的禅理在里面。

一般人肯定会认为，幡动的原因，当然是自然界的风吹幡动。但根据佛教理论，风，其实隐喻“空界”（法界）；幡，隐喻的是“色界”（有界）。

风从何起，幡为何动？两个争论的僧人都是一叶障目，只见其一，不见其二。

万有的动变，其实在于本体的推动使然。这种力量，不可见，但又不是不存在。

慧能大师根器大利，他深知两个僧人强自辩解，还是对立意识未泯，兀自谈空说有，各持所执。二僧之所以陷于迷执，都是因为他们的“心”动。

如果能向上一路，明悟“色即是空”，认识本体自性，一定就会得到真正的开悟。

慧能大师一句话，恰似利剑，顿把万千烦恼斩断。

这种悟，就是顿悟。

人的本心，广大空寂，无相可得，包含一切诸法。所以，前念迷即凡夫，后念悟即是佛；前念著境即烦恼，后念离境即菩提。

人的自性，本来清净，犹如日月常明。只是由于执着的业障遮掩，恰似那阴厚浮云遮蔽日月。倘若有禅悟惠风吹拂，云开雾散之际，宇宙间万像森罗，肯定一时皆现。

顿悟，到了慧能的弟子神会禅师那里，更加发扬光大。只有能顿悟，才能一了百了，才能真正的明心见性。

神会禅师在他的著作中，指出了九种“顿悟”的境界（借慧能大师之口）：

自心从本以来空寂者，是顿悟；

即心无所得者，为顿悟；

即心是道，为顿悟；

即心无所住，为顿悟；

存法悟心，心无所得，为顿悟；

知一切法是一切法，为顿悟；

闻说空不住空，即不取不空，是顿悟；

闻说我不著（我），即不取无我，是顿悟；

不舍生死而入涅槃，是顿悟。

九种顿悟，都源于般若思想。自性本空，一切皆空，只有从顿悟入，才能进入最高的佛陀智慧境界。

见念不起，空无所有，才是“正慧”所在！

如果仔细研究神会禅师的著作和论点，其实我们也可以从中窥见一点端倪——神会所顿悟的“空”，还差一点火候：

《金刚经》所倡导的般若智慧，不仅仅强调“空即是色，色即是空”，最终还有一句——“空亦是空！”

到了这种浑然一片的境界，才是真正的“空”。

所以，相比于言简意赅的慧能大师，弟子神会还有拖泥带水之处。

5．磨砖成镜

这个公案，主人公是马祖道一。

马祖道一（688—763），俗姓马，汉州什邡人（今四川），他是慧能弟子南岳怀让的弟子，也就是六祖的徒孙。

南宗禅师中，以俗姓前缀，后面称“祖”，可见此人地位的重要性。

从马祖道一开始，慧能一派平实的禅法，日趋走向“艺术化”，变得奇峭险峻，开始以激烈的方法使得徒众去顿悟。而马祖本人，也成为一代宗师，即“洪州宗”的开创者。他这一系最有名的徒弟，包括百丈怀海、南泉普愿等人。

据说，六组慧能在世时，曾对他的弟子怀让禅师预言，说他门下会出一匹马驹，将“踏杀天下人”，果不其然，这匹后来居上的“马驹”，正是马祖道一。

在磨砖成镜的公案中，马祖道一其实是被点拨者。

大唐开元年间，马祖道一还是个年青的和尚，在衡岳的般若寺学习坐禅。

寺内的主持怀让大师，认定这位道一是个可塑之才，就趁道一坐禅之际，飘飘然来，站在当地问：

“和尚，你坐禅，目的是为了什么啊？”

道一：“我想成佛。”

怀让大师听罢，也不和道一争辩，径自移步，从寺内的地上捡起一块砖头，蹲在道一附近，撅着屁股哼哧哼哧地开始把砖在地上猛磨。

道一诧异，问：“你磨砖干什么？”

怀让大师不住手，回答说：“磨砖作镜子。”

道一不禁莞尔：“磨砖岂能成镜？”

怀让顺口回道：“磨砖不能成镜，坐禅哪能成佛！”

电光石火间，道一恍然开悟，立投怀让门下为徒。此后，他精研十年禅理，探玄究奥，佛法大进。

可见，这个公案中，明显地看出《楞伽经》“真实离名字”理论的影响。对学人言语、行动的点拨，恰如对人以手指月，本来人应顺指观月，却往往因自身的愚蒙，目光仅停留在指头上。

马祖道一乃明悟之人，在怀让大师导悟下，自然一点就通，因磨砖而悟道。

值得注意的是，道一磨砖成镜的顿悟，其实也包含了“渐”的成分在里面。这反映了南宗禅初期受《楞伽经》渐修顿悟理论的影响。正如宗密禅师所言：“犹如伐木，片片渐砍，一时顿倒；亦如诣远郡城，步步渐行，一日顿到。”

活泼轻灵的南宗禅，有了“净除”的渐修，加上“顿净”的顿悟，自然能灵光闪现。

人的自性，乃至上的妙道，本体自全，其实无法言说。怀让大师自己也说过：“说似一物即不中。”人的本心只要不受污染，就如莲花出于淤泥，依然会保持其至纯至洁的本性。

依据如此往下深推，怀让说：“磨砖不能成镜，坐禅哪能成佛！”似乎也稍逊于真正的禅悟至境，因为言语已经落了草，等而下之，还是停留在知解的层面上。好在马祖道一有大慧，闻言便悟。

此外，禅宗的“平常心是道”，一般人都以为出自赵州从稔请教师父南泉普愿禅师的公案。赵州曾问南泉：“什么是道？”南泉回答说：“平常心是道。”

其实，这种说法，最早也是出于马祖道一：

“道不用修，但莫污染。何为污染？但有生死心，造作趋向，皆是污染。若欲直会其道，平常心是道。何谓平常心？无造作、无是非、无取舍、无断常、无凡无圣。经云：非凡夫行、非圣贤行，是菩萨行。只如今行住坐卧、应机接物，尽是道。……一切法皆是佛法，诸法即是解脱，解脱者即是真如，诸法（无）不出于真如，行住坐卧，悉是不思议用，不待时节。经云：在在处处，则为有佛。”

所谓“平常心”，也就是马祖道一所说的要眠即眠，要坐就坐，热时取凉，寒时向火。

只要能做到不矫饰，不刻意，以超越染净的态度对待自然和人生，我们本来清净的自性，就能顿然彰显。

倘若着意追逐客尘，攀求造作，反而可能因为丧失平常心而颠倒和谐。那样的话，反常心、异常心顿生，烦恼多多。

马祖道一得悟后，日后他自己导悟别人，也用与怀让禅师类似的方法。

越州的慧海禅师（大珠和尚），远来参拜马祖道一。

道一问他：“你从何处来？”

慧海：“我从越州大云寺来。”

道一：“你来此要做什么？”

慧海：“我来求佛法。”

道一：“我这里一物也无，你求什么佛法？你自家宝藏不顾，抛家散走干什么！”

慧海："什么是我慧海的宝藏呢？"

道一："即今问我者，正是你的宝藏。你一切具足，更无欠少。如果你使用自在，何用去外求？"

慧海大悟。

此处，马祖道一以其峻烈的机锋，单刀直入，直指心性：自身佛性，每一个人本来就有，没有欠缺，修道人正应从自性入手，不可抛却自家的"佛性"宝藏，向外寻求。

悟道关键，在于能不能当下息却分别心、取舍心，如果敢于承担，肯定会得悟大道。

慧海禅师在马祖道一门下学习六年，日后，他对马祖道一的禅法大加弘扬，特别是对"平常心是道"的禅理，承继得淋漓尽致。

有人问慧海："和尚您修道，还用功否？"

慧海："当然要用功。"

问："如何用功？"

慧海："饥来吃饭，困来即眠。"

问："一切人都是这样啊，他们的用功，难到和大师您不一样吗？"

慧海："当然不同。"

问："有什么不同？"

慧海："他们吃饭时不肯吃饭，百般思虑；睡时又不肯睡，千般计较。所以他们和我不同。"

真正的“平常心”，正如颂古诗中所说：劝君不用苦劳神，唤作平常转不亲。冷淡全然无滋味，一回举起一回新。

也就是说，要“平常”到连“平常心”的意念都不存于胸，才是真正淡泊、清淡的悟心。

马祖道一依据般若思想，把“心”也不加分别，也看成是“空”，无论垢净，都是自家宝藏，“心外无别佛，佛外无别心，不取善，不取恶”。显然，他的理论中已经把老庄的“空”揉入了般若的“空”，“即心即佛”，终于有了完全合理的解释。

但是，走到了这一步，聪明人可能会看到，既然“心”、“佛”都是“空”，又何必去“求”呢？因为，求“心”，就被“心”缚；觅“佛”，就被“佛”迷，弄不好就会变成“口头禅”。

马祖大师冰雪聪明，他为此还解释说，“即心即佛”，不过是一时的权衡之举，犹如止息小儿啼哭的空拳黄叶，目的是方便接引学人。真正的禅悟，就是还要向上一路，那就是“非心非佛”！

6．山花开似锦，涧水湛如蓝

马祖道一大师患重病，气息奄奄，在禅床上阖目。寺庙院主听闻，前来探问，关切地询问：“大师近来可好？”

马祖道一微微张开双目，笑言：“日面佛，月面佛。”遽尔永逝。

大师最后说出的六个字，如果有佛学知识，理解不难。但如今，好多把禅宗当成“励志书”来瞎抄瞎编的“作者”，胡乱解释马祖道一临终的话语，有的还煞有介事地“翻译”成：“我白天是佛，晚上也是佛”。如此说法，完全胡说八道，不知所云。

根据佛教经典，日面佛的寿命，有1800年之久，而月面佛的寿命，仅为一昼夜。

马祖道一临终所言，其实是想表达这样一种意思：人，只要活着的时候，明心见性，开悟生死，不管他有日面佛的寿命，还是有月面佛的寿命，都不枉度此生！

院主问病视疾，马祖道一却作如此意味深长的回答，完全断绝了生命修短以及生灭的名相，深刻表达出自身的佛性所在。

与生命相比，佛性是永远存在的，不垢不净，不增不减，无生无灭，无始无终。始终能放下执着，望穿生命的母源，认清自己的“本来面目”，如此通灵的体证，只有马祖大师这样的禅悟者才能臻于这种至境。

生死融汇，让人悠然神往。

北宋的临济宗杨岐派诗僧五祖法演（1024—1104），曾作《颂马祖日面佛月面佛》一诗：

> 丫鬟女子画娥眉，鸾镜台前语似痴。
> 自说玉颜难比并，却来架上着罗衣。

这位法演禅师，绵州巴西（四川绵阳）人，俗姓邓。他35岁出家，在成都游学，精通《唯识》、《百法》诸论。

有人会问，唐朝的南宗禅祖师爷慧能大师，才是禅宗“六祖”，这位北宋的禅师，怎么变成了高于慧能的“五祖”了呢？其实，法演禅师晚年住蕲州（湖北蕲春）五祖山禅寺，所以以山寺为名称为“五祖法演”，和禅宗的论资排辈没有关系。

法演禅师的诗，涵义玄远，构思独特，他以青春少女上妆契入禅悟，看似风情袅袅，实际上在讲体证的过程：

青春美少女对美的无限追求，恰似参禅者对真如自性的迫切回归。她对自身绝色美丽的虔诚和自信，譬喻参禅者对本有佛性的承担和认可。少女对境顾影，看见自己难与伦比美貌如此，还要穿上锦绣着罗衣，就是暗喻禅者百尺竿头、更进一步的涅槃追求。

诗中，没有一个字提到马祖临终的嘱托，却淋漓尽致地表现了马祖那种伟大的禅悟。

与此相类的公案，还有《碧岩录》所载“大龙法身”的故事。

有学僧问大龙禅师：“色身败坏，什么才是坚固的法身呢？”

大龙禅师面色恬然，回答到：“山花开似锦，涧水湛如蓝！”

一问一答，就成为禅宗历史上禅悟生死的著名公案。

发问的学僧，显然道性浅薄，没有意识到色身即是法身，法身即使色身。他把两者掰成两截，当成问题来提出。

大龙禅师心境澄然。不惑不迷，答以两句艳丽卓然的诗句：

山花开似锦，涧水湛如蓝！

如画如歌的风景，顿在眼前。

大龙只是卖弄才情吗？当然不是。

这个问题，如果想从言语上直接回答学僧，根本无法回答。所以，大龙禅师才见兔放鹰，看孔择楔，以两句清丽灵秀的诗句来塞堵学僧的口目。

如此大用大机，照用兼修，人境俱夺，双放双收。

大龙禅师敲枷打锁之时，如果学僧乃浑金璞玉之才，定能当下明悟。

大龙的诗句，其实告诉学僧，色身之外，哪里还有什么法身！山花涧水，流动绚烂，都是金刚不坏的法身。如果人境合一，哪里还有败坏的色身和坚固的法身之分！

当法身、色身以及败坏、坚固等相对的常识以及情尘意想，都被大龙的语言巨掌所击碎，本来面目，就顿然显露出来。

暖语清风中，生死得到融汇；锦心绣口下，烦恼得到解脱。

7. 长空不碍白云飞

有学僧问石头希迁禅师："如何是解脱？"

石头希迁反问："谁缚汝？"

学僧还问："如何是净土？"

石头希迁还反问："谁垢汝？"

学僧接着问："如何是涅槃？"

石头希迁接着反问："谁将生死与汝？"

其中深意，表达的就是禅宗一念心歇的解脱主张。

芸芸众生，缠缚由心。恰似春蚕作茧，都在妄想的苦海执著不悟，对名相难舍难离。如悟大道，哪里会有什么束缚，哪里有什么解脱！

自性本无事，作茧只自缚！

《楞伽经》云："凡愚妄想，如蚕作茧。以妄想丝，自缠缠他。有无有相，续相计著。"

学僧心念不歇，狐疑未息，所以他才参问石头希迁大师，婆婆妈妈地询问如何才能解脱、才能心地安宁的事情。

石头希迁不接话头，反而暴风骤雨般反身喝问，把疑问退回给学僧自己，让他在对自身的起疑中能得到真正的禅悟。

如果石头大师絮絮叨叨，漫扯葛藤，可能会使得学僧因疑生滞，更陷入名相的纠缠中。

石头大师不答而答，不说而说，利用犀利的机锋，为学人"解粘去缚"，达到了真正的开示，把学人作茧自缚的荒唐痴迷，一扫而空。

这个公案，就把《楞伽经》中"谁缚谁解脱"的深入反思，进一步形象化，增添了无穷的禅趣，最终使得学人一念心歇，顿悟菩提，归于那纤尘不染、万物皆空的生命源头。

这个公案的主人公石头希迁禅师（700—790），唐代禅僧。他俗姓陈，端州高要（今广东省高要县）人。

年轻时，希迁投在南宗大师慧能门下，受度为沙弥。后来，他又在清原行思禅师处学禅。再后，往学于禅宗大宗匠南岳怀让。

天宝初年（742），希迁离开青原山到南岳，在衡山南寺住持。寺庙东边有大石一块，平坦如台，他就在石上结庵居住，时人称之为“石头和尚”，又被称为“无际大石”禅师。

石头希迁的弟子非常多，特别有名的有法嗣，有药山惟俨、天皇道悟、丹霞天然、潮州大颠等人。药山惟俨得受石头大师的衣钵，他再传法于云岩昙晟，昙晟传洞山良价，良价传曹山本寂和云居道膺。后曹山一脉中断，仅赖云居门下单传，到南宋而再次勃兴。另一方面，天皇道悟传龙潭崇信、崇信传德山宣鉴、宣鉴传雪峰义存，最终续传于云门文偃。而法眼宗的开山祖清凉文益，也是石头希迁的一系，乃五宗中最后所出。

文益禅师的大弟子永明延寿（904—975），著有《宗镜录》一百卷，尽导天台宗、唯识宗、贤首宗归于宗门，可称集禅理之大成。他还用禅宗来融摄净土法门，开辟后世“禅净如一”的风气，可称是中国佛教从教、禅竞弘转入诸宗融合的一大宗师。

由此观来，可知石头希迁大师在禅宗历史上的独特地位。

希迁的弟子天皇道悟曾问石头大师："如何是佛法大意？"

石头希迁回答："不得不知。"

天皇道悟："向上更有转处也无？"

石头希迁："长空不碍白云飞！"

天皇道悟接着问："如何是禅？"

石头希迁："碌砖。"

又问："如何是道？"

石头希迁："木头。"

此番师徒问答，与第一个故事大同小异。

作为已经证道的智者，石头希迁禅师能以他的慧眼洞烛世事的虚幻。一切法，生灭无常，犹如梦幻，而这一切，不过皆从人心意识所煌变。

心灵的体验，是禅宗的精髓所在。真正见心见道的禅悟者，在这个色尘世界之中，看待自身和外物，也会亲证到如梦似幻的存在，得到妙不可言的存在并超越的宗教体验。

如果深悟"性归自己"，持有"万物非真"的般若空观，洞悉物我同根，同归虚假，就可以发现名相的相互关系。

佛教侧重的是心灵的体证，是以悟者之心对万物的体验。真正见道的悟者，处在色尘世界之中，看待自身和外物，会亲证到如梦似幻的存在。

禅宗常常宣扬这样的观点："尽乾坤大地，只是一个自己。

寒，则普天普地寒；热，则普天普地热；有，则普天普地有；无，则普天普地无。”(《碧岩录》)

石头希迁大师是真正的智者，他日后创作《参同契》，把性空观点发挥到极致。他认为，天地、万物和“我”，皆因缘所生，依照一定的法则变化，无所谓永恒。正所谓“缘起性空，性空缘起”。正是因为其性本空，广具可变性，在不同的条件下，千变万化，也造成了宇宙万有生生不息的原因。所以，无论是物质世界还是精神世界，其性皆空!

与石头希迁相仿佛，在一个天朗气清的夜晚，南泉普愿禅师曾经指着庭院中的一树梨花，对他的俗家弟子说：“当一个人，本心清净到了极点，他的整个身心，一定充满了光明，寂照之时，涵盖了整个虚空。如此，再回头来看这株花，就仿佛是梦中所发生的事情。”

天地与我同根，万物与我一体。

石头希迁和南泉普愿的言语，都是指向这样的意念：有心缘想，万境纵然。无念忆持，纤尘不现。

他们纷纷以超越相对、不落言筌的语言，来开示我们所处的这个由无明恶习熏染藏识而变现的虚幻世界。

在禅宗的“五宗”中，沩仰宗很早就不传，其余四家，除临济外，曹洞、云门和法眼三宗，在传承上都渊源于石头希迁。 曹洞宗后来传入日本，至今传习不衰。法眼一宗，在朝鲜曾经大为流播。

上个世纪初，据称一个名叫山崎彪的日本人，在福建漳州发现一尊肉身，旁边有“无际大师肉身”的木牌，他就认定这是石头希迁大师，就把这个肉身偷运到了日本，后来供奉于总持寺内。

直到上个世纪末，经过多方查验，中国的佛教史学家认定，石头希迁大师活着的时候，从来没有到过漳州，最终证明，日本人偷走的肉身，不过是唐宋年间当地一位也叫“无际”的普通和尚的肉身。而石头大师的真正肉身，一直在南岳埋葬，从来没有“出国”过。

倘若石头希迁禅师示寂后有知，得悉身后熙熙攘攘这样的事情，他肯定也会莞尔一笑，道言：

本来无一物，何处惹尘埃！

8．野鸭子飞过去了

百丈怀海（720—814），是马祖道一的高足。他是福建人，俗姓王，小时候就出家为僧，与南泉普愿等同时，追随马祖道一学禅。

怀海开悟后，住持洪州大雄山，当地岩峦峻极，号称“百丈山”，所以世称怀海为“百丈怀海”。他的弟子也很有名，有沩山灵祐、黄檗希运等人，开一代宗风。

怀海在马祖道一门下为徒的时候，一日，二人出游。头上，碧空万里，忽然有野鸭子飞过去。怀海仰头观望。

马祖问："那是什么？"

怀海："野鸭子。"

马祖："向何处去了？"

怀海："飞过去了。"

马祖忽然伸手，死命扭住了怀海的鼻头，拧得光头小和尚嗷嗷大叫，鼻涕眼泪齐下。

马祖笑言："怎么说它飞过去了呢。"

至此，怀海忽然大有所悟。

回到僧房后，怀海哀哀大哭。

同舍的僧人见状，问："哭啥，想家了吗？"。怀海摇头。"被人叱骂了吗？"怀海依旧摇头。

"那你哭个什么？"僧人不解。

怀海说："我鼻头被道一大师拧得巨痛！"

僧人："你与大师有什么意见不合吗？"

怀海："你去问大师吧。"

僧人去马祖道一处，询问师徒二人是否之间有摩擦。道一笑言："怀海已经有所悟了，你去问他自己吧。"

僧人回到僧舍，对怀海说："师傅说了，你已经有所领会悟道了，他让我问你。"

怀海呵呵大笑。

同舍僧人摸不着头脑。"刚才你哭，如今为何又笑？"

怀海所答非所问："刚才哭，如今笑。"

别说当时与怀海同学的僧人惘然，我们现在的读者看了这段故事，百分之九十九的人也惘然。

什么意思嘛?

其实，马祖道一第一次发问的时候，问的是“现在”。怀海回答说“野鸭子”，丝毫无错。但是，当马祖再问：“向何处去了？”问的却是怀海的“心”。怀海当时不悟，以为马祖还是问野鸭子，就回答说“飞过去了”，连皮粘骨，一点没有顿悟的意思，完全歪曲了马祖道一心境如一的境像。所以，他被马祖狠狠地拧了一下鼻子，目的想使他马上醒悟。

大叫痛声中，百丈怀海本人的“主”和野鸭子的“客”，界限俱泯。

一拧一叫，禅宗的微妙和不可言传的性质，活灵活现。

根据禅宗的意念，浩瀚宇宙，其实没有空间和时间的分别，野鸭子飞过，不过是一种虚妄的象征。心是真如，哪里能飞过来、飞过去的！未悟时的怀海，执著于虚妄之相和差别意识，所以难以开悟。

马祖道一大手一捏，大机大用，立时粉碎时空的分界，破除了怀海的迷执。

从禅宗的哲学意义上说，马祖道一把百丈怀海肯定生灭法的错误以奇特的手段拧转过来，铲除了弟子的分别情识，让他最终回到心境一如的玄妙禅境。

而后，怀海在僧舍对同学僧人说自己“刚才哭，如今笑”，就是表达说，自己的时空观念一变，永恒本体顿现。如此一来，我与这个世界，都完全不一样了。

顿悟之间，怀海认识了自我。

禅宗，正是侧重心灵的体验，用悟心去体证万物，所以才是一种参玄的妙境。

百丈怀海禅师，还是一位“社会主义”大师。他所制定的“百丈禅规”，把禅僧从法相宗、天台宗这样贵族色彩浓厚的佛教教派中完全独立出来，使得禅宗最终成为一个独立的佛教宗派。而且，他的禅规，也是对随心所欲的“狂禅”起到了抑制作用。他意识到，过多的“顿悟”，肯定会最终使得宗教修行丧失根据，自然适意，听上去很美，弄不好就变成放纵轻佻。

怀海大师强调的“一日不作，一日不食”的农禅生活方式，也促使禅僧通过劳动实现了经济上的自给自足，激使禅宗顿时前景开阔。而百丈规定的禅居，恰恰建立在无私有财产、共同劳动、平均消费的基础上，所以说他是“社会主义”大师。

百丈怀海禅师还提出“不立佛殿，唯树法堂”的观念。从经济上讲，这减少了大量浪费和开支，也促使禅宗从崇拜外在偶像更加转向沉重内心修持。由此，禅宗从精神品格上讲，更显得傲然不群，独立不羁。

9．庐陵米是什么价？

青原行思禅师（671—740），唐代禅师，吉州安城（江西安福）人，俗姓刘。他幼年出家，在六祖惠能门下学法，个性沉默寡言。在侍奉惠能几年后，行思回到故乡江西的青原山静居寺宣扬禅法，所以号称“青原行思”。

他和慧能的另外一个弟子南岳怀让开创了禅宗两大支派。“青原下”这一法系，后来衍生出云门、曹洞、法眼等三系。行思大师门下，以石头希迁最为有名。

初见六祖慧能的时候，行思禅师发问：“大师，我该怎样修行，才能不落渐悟学说的层层阶梯，直接通过正道进入佛教正法呢？”

六祖慧能反问道：“你从前做过什么？你到我这里想求什么呢？”

行思禅师：“我一直都在参四圣谛——即苦、集、灭、道，如今，我都忘了，我什么也不做了。”

“你现在到达什么层次了呢？”六祖追问。

“四圣谛我都忘了，还谈什么层次呢。”

对行思的回答，六祖慧能赞叹不已。

通过行思的一番回话，慧能知晓他已经达到了大悟的境界。于是，慧能就委任行思为寺中首座。

所谓层次（原文是“阶级”二字），指的是建立在分别知见基础上而形成的高低不同的阶位。从佛教分别知见的角度来看，圣谛，要比俗谛（或世谛）的位次要高。但是，如果从空性的角度来看，这一切高低、优劣的分别，全都是妄念。

对于禅众来说，只有证得了般若空性，泯灭了有无、凡圣、真俗、生死涅槃、烦恼菩提等对立的分别，才能契入实相，获得大解脱。

如此，行思所言“四圣谛我都忘了，还谈什么层次呢”，明明白白地表示他已经远离对立概念，获得了中道实相。

慧能很高兴见到这样一个弟子，觉得他已经契入佛心，才让他当了寺中的首座。

日后，行思禅师在青原山弘法之时，曾与荷泽神会禅师有过机锋往来。

这两个人，从辈分讲是同门师兄，都为六祖慧能的入室弟子。

一日，荷泽神会远道来来参谒，青原行思。

青原行思：“你从哪里来啊？”

神会道：“我来自曹溪。”

青原行思问：“曹溪，意旨如何？”

神会来了精神，振身而立，并会回言。

青原行思点点头。“你身上还不干净，犹带瓦砾。”

神会好奇：“和尚这里，莫非有什么真金与人么？”

青原行思：“如果我这里有，你把真金放在哪里呢？”

师兄弟二人，一问一答，让旁人摸不着头脑。

而青原禅师扑朔迷离的禅风，也由此可见一斑。

与此相类的公案，还有“庐陵米作么价？”

有学僧问：“如何是佛法大意？”

青原行思反问：“庐陵米作么价？”

常人见此更迷惑：庐陵大米，与佛法有什么关系！

其实，如果在这个问题上百般计较纠缠，肯定永无出头之日。

“庐陵米作么价？”这个问题本身，是活语，不是死语。

佛法大意在哪里？只在庐陵米价中！

对于那些身在江西庐陵的人，肯定没有不知道米价的。他们天天吃米，日日长大。青原行思禅师，漫言说俗世米价，却推开了禅悟的出世智慧之门，接引有缘之人。

青原行思看似所答非所问，就是教导别人，凡事自己领悟，不能依靠师傅和外物。如向外觅，有求皆苦！

小根小智的，或者粘皮带骨的学人，都如傻狗追肉，死死咬住名相，对“佛法”、“法身”、“来世”、“轮回”等等概念死抓不放，繁复意念纠缠于心头，杂念不能剔除，所以到处是钟声雀噪的烦恼，永无休歇。

“祖祖相传传底事，佛佛授手不唯他。若存情识论知解，耳里尘沙眼内花。”

《圆悟录》的这首诗，表达出对语言和知性的彻底否定。

我们知道，言语，在表达本体心性的时候，往往无能为力，顿显苍白。特别是参禅的人，一定要在恰当的时候摒弃语言，超越语言。如果胶着于文字、语言，一定会拖泥带水，迷失本心真我。

青原行思禅师，三言两语，截断来人、学僧的意路，其实是要导引对方进行超越对立的诗意禅悟，让人在一念不生的情况下，顿息万缘，真正会悟到自身的“平常心”。

如果依旧粘连在行思禅师所说的言语上，只能是泥里洗土块，越洗越不清！

10．内有星星火

沩（wéi）山灵祐禅师（771—853），俗姓赵，福州长溪（今福建霞浦县南）人，是禅宗“沩仰宗”的开山祖（其弟子乃仰山慧寂，所以二人所创宗门为“沩仰宗”）。

唐宪宗元和年间，灵祐禅师到湖南大沩山弘扬禅风，兴建同庆寺。由于门徒广众，连宰相裴休也前来闻道，更加使得他声誉大扬。他敷扬宗风四十年余年，世称沩山灵祐。

灵祐二十三岁的时候，云游江西，参见百丈怀海禅师。百丈一见，即许之入室为徒。

一日早晨，严寒凛冽，百丈禅师在坐榻上对侍立在旁的灵祐说：“你拨拨炉中，看有火否。”

灵祐拨拉几下，回答：“无火。”

百丈禅师自己起身，弯腰以炉钳拨动，深拨灰炭，觅得一粒火炭，夹而示之，对汝灵祐说：“这不是火吗，你怎么说没有呢。”

灵祐当下发悟，礼谢百丈禅师。

次日。灵祐同百丈禅师入山中砍柴。

百丈问："你带火来了吗？"

灵祐："带来了。"

百丈："在哪里？"

灵祐信手拈起一枝干柴，放在嘴边吹了两吹，递与百丈。

百丈非常高兴，赞许说："如虫御木，偶尔成文。"

这个故事中，"火"，是来比喻本体的心性。也就是说，人原本自身就已具备纯洁的本心，迷时不见，悟时则逢。

山中砍柴，师徒二人言语相接，禅意盎然。而百丈禅师所说如虫御木，偶尔成文"，是讲人对于本体心性的了悟，恰似小虫蚀木一样，虽然是偶然，经过点滴积累，总会得到了悟。

沩仰宗的特色，总是体现在师徒之间的问答应对方面，默契十足。所以，《五家宗旨纂要》就认为："沩仰宗风，父子一家。师资唱和，语默不露。明暗交驰，体用双彰。"

作为百丈怀海的弟子，沩山灵祐深得师傅的机用；而仰山慧寂作为沩山灵祐的弟子，也深得师傅的玄心妙用。

二人殷勤问答，你来我往，息息相通。

一天，仰山慧寂问沩山灵佑："什么是祖师西来意？"

灵佑仰头指着灯笼说："好个灯笼！"

慧寂又问："莫非这就是？"

灵佑反问："这是什么？"

慧寂说："好个灯笼！"

灵佑说："果然不见。"

在这个公案中，沩山并不正面回答弟子慧寂什么是祖师西来意，指着灯笼说事，目的是为破除仰山对"祖师西来意"的迷执。

慧寂自以为领悟了师傅的意旨，就附和说，西来意就是"好灯笼"。不料，沩山禅师却说他尚未领悟。

为什么呢？

这是因为，慧寂自作聪明，其实还处于鹦鹉学舌的境地，仍是落于知解，没有真正明悟师傅所说"好灯笼"的真正含义。

沩仰宗一直强调"忘所知"在禅悟中的重要，还注重"忘能知"，如此，就可以把影响禅悟主体（人）进行直觉观照的逻辑、理性清除出禅悟之门。这，才是沩山灵祐真正的意旨所在。

禅悟观照，最大的本事是"能所俱泯"。能所俱泯，典出《楞严经》卷六：菩萨最初在能闻的境界中，入于能闻的自性之流，弃去所闻的声音之相，再经过了无所闻的寂灭中悟修。由此，有声与无声的动静两种境象，了然无碍，一念不生。如此，渐加精进，能闻与所闻，皆涣然冰释，达到了能所双无，尽闻无相的境界，也无所住。

所觉与能觉，荡然一空；空性与觉性，浑然一体，臻至圆明之境。

这个境界，空与所空，一时都灭。而灭尽生灭的作用后，寂灭自性，兀然立现。

人，作为观照的主体，是能；观照的客体，是所。例如，能闻到声音的耳朵，称为能闻；被耳朵所听到的声音，称为所闻。

在沩山灵祐看来，禅不可说，且存在于声色之外，根本不能用语言来表述，也无法从声色中寻求。而禅宗的真理，如同虚空，无相，无不相。

所以，日后的沩仰宗禅师在接机说法时，惯常采用截流法，以此来将学人的妄念之流截断。

禅心应质直无伪，自心如秋水澄渟，方可称为禅心。这种人，才可称为“无事人”。

强调顿悟的同时，沩仰宗禅师还认为，禅者悟道之后，必须保持善自护持、长养圣胎的修习过程。

一时的见道，绝不意味着终身大事就到头了，不意味着禅就不用再修了。

由此，沩山灵祐禅师对他的弟子见桃花而悟道的诗偈，大加赞赏：

三十年来寻剑客，几回落叶又抽枝。
自从一见桃花后，直至如今更不疑。

据《沩山语录》记载，沩山禅师圆寂前曾对徒弟们说：“老僧百年后，向山下作一头水牯牛，左肋下写五字，为

‘沩山僧某甲’。那时候，唤作沩山僧，又是水牯牛；唤作水牯牛，又是沩山僧。毕竟唤作什么才确切呢？”

沩山大师这种敢“向异类中行”的无惧无畏，才是真的大乘菩萨行。

虽行畜牲行，不得畜牲报。他要舍弃已证的涅槃位，目的是要乘愿再来此土，度化众生。这种胆识和志向，只能用“伟大”二字来形容了。

11．藏头白，海头黑

禅宗有两个公案，专门讲禅悟中“不立文字”的大用禅机。

第一个，是“世尊升座”；第二个，是“拈花微笑”。

首先，世尊释迦牟尼一日升座。文殊用槌猛敲磬，高言说道：“谛观法王法，法王法如是。”世尊闻此语，一言不发，便下座而去。

其次，根据《大梵天王问佛决疑经》记载：

“梵王至灵山，以金色波罗花献佛，舍身为床座，请佛为众生说法。世尊登座，拈花示众。当时，信众百万，都茫然恍然，不知道佛祖的意旨。其中，独有金色头陀，破颜微笑。世尊说：‘有正法眼藏，涅槃妙心，实相无相，’就把手中花交给了金色头陀。”

上面两个公案，其实在最早期的禅宗文献中是没有的，是为后来的禅宗弟子所悉心“创作”出来的。主要目的，无非是想要后学者理解：真理，一定会是超越相对语言、概念等的绝对性。

后来，这种禅悟，落实到真实的禅宗大师个人，就有马祖道一“藏头白，海头黑”的公案。

有学僧问马祖：“大师，离四句，绝百非，请您告诉我佛祖西来意。”

马祖道一：“我今日劳倦，不能为汝说，你去问智藏吧！”

学僧跑去问智藏。

智藏很奇怪，问学僧：“你为什么不去问师傅？”

学僧说：“师傅让我问你。”

智藏忙说：“我今日头痛，不能为汝说，你去问取怀海师兄去吧。”

学僧屁颠屁颠又去找怀海禅师问。

怀海根本不思虑，马上回答：“我这里根本就不会回答你的问题！”

学僧大惑，返回去问马祖道一大师。

大师慨言：“藏头白，海头黑！”

言毕，叱学僧出门。

马祖所说的“藏头白，海头黑”，好多人不解。这本来是一个典故：有两个强盗，一个戴黑帽，一个戴白帽，黑帽强盗每每聪明，精心设计，最终总把白帽强盗的抢来的财物据为己有。

所以，两个强盗相比，黑帽强盗更凶狠无情。

藏头白，就是把智藏禅比拟成“白帽强盗”；海头黑，就是把怀海禅师比拟成“黑帽强盗”。

二人相比，智藏以头痛作推诿，其实他内心还想对别人说一说；而怀海和尚直截了当，就说自己什么都不会，尽显出禅宗无情而透彻的禅悟，所以他才大为马祖道一所赞许。

到这份上，禅宗言亡虑灭的自我内证，不仅被怀海禅师在推个干净的过程中表达出来，而马祖道一短短六个字，也截掉了学僧的意根，显示出老和尚无上的才情。

怀海妙，马祖更妙。

如果学僧能体悟二人的妙境，自然可以超越了人世间假名的概念，返回语言之前的开天辟地前的混沌之境。这样的话，断尽纠葛，可以直入真如本体。

由此，再回到那个“世尊升座”的公案。

佛祖讲法当天，倘若有哪个弟子彻悟，在释迦牟尼升座前就有所表示，如此，还用得着佛祖费事升座吗？还用得着文殊菩萨费事敲磬吗？

世尊无言，不如世尊在文殊敲磬前无言。

悠悠苍天，天何言哉！

所以，相比之下，拈花微笑，这个公案，更要显得上了一个新的档次。

如此无言的妙境，不凝滞，不干涸，随缘而生，让人默冥之中，冰雪澄明！

小智小慧的人，即使凭借外力，可能也找不到自己的本心。哪怕他是积德行善的菩萨，如果不能有所大觉悟，如果不能体证华严境界，也会像那些跳不过龙门的大鱼一样，曝腮浅滩之上，焦头烂额，最终一事无成。

倘若能明心见性，就恰似透网金鳞，心性无染，不拘文字，全离妄缘，达到大解脱的身心自由的高妙境界。

12．南泉斩猫

雪窦禅师曾作颂：

尽力提持只一刀，狸奴从此脱皮毛。

血流满地成狼藉，暗为春风染小桃。

这首颂偈所讲，就是禅宗著名的“行为艺术”公案：南泉斩猫。

据《传灯录》记载，南泉普愿禅师，一日偶立庙宇台阶，看见东西两堂僧人为了一个小猫发生争执，互相喧叱，都想把小猫归于自己堂下。

普愿见状，说：“这个小猫，有佛性吗？你们谁能说得出，我就把小猫给谁。说不清楚，我就斩却此猫！”

众人愕然无对。

普愿禅师手起刀落，立斩小猫于堂上。

晚间，徒弟赵州从谂禅师从外面回来，南泉普愿就把日间发生的事情重述了一遍，看赵州从谂的反应。

赵州从谂禅师没有说话，他立即把自己脚上穿的鞋子脱下，放在头上顶着，转身而出。

观此，南泉普愿禅师感叹："如果你先前在场，就能救得那只猫了。"

南泉普愿禅师（748—834）俗姓王，郑州新郑（今河南新郑县）人。此人天生慧根，九岁即跪请父母同意他出家。三十岁后，他成为马祖道一的弟子，因为刻苦勤勉、守志不渝，被师傅赞誉为"独超象外"。

唐朝贞元十一年（795），他离开马祖后，到达南泉山（今安徽贵池市），填谷平地，砍伐山木，烧草种粮，建造佛寺"南泉禅院"。

此后，他身披蓑衣，头戴笠帽，放牛砍柴，一直过着自耕自食的清修生活，在南泉山居住长达30年，人称"南泉禅师"。由于他俗姓王，人们也尊称他为"王老师"。

"南泉斩猫"这个公案，千余年来，一直是禅门大难关，被后人广泛议论。

那些参不透的人，往往根据俗心俗情，心中起疑。毕竟和尚斩猫是犯了杀戒，乃修行人的大忌。如此犯戒奇行，不得不让后人议论纷纭，莫衷一是。

要理解的是，中华的禅，其实并非只是一种慈悲的教化，它最大的目的是让人把世间一切的精神枷锁和物质羁绊都抛却掉。

南泉斩猫，一刀两断，正是大契佛法。大和尚这信手一挥的、鲜血淋漓的一刀，斩断了争执的对象。因为，两堂禅僧争猫，都是属于迷执：对外认为有猫可得，是法执；对内认为我要得猫，是我执。

南泉普愿，白刃一挥，把猫儿斩却。血光过后，争执的对象，又何能在！而且，冒着杀生入果报的危险，南泉禅师毅然一刀，斩断相对的念头，此种壮举，恰似绿雨蕉借唐诗《陇西行》为的颂偈那样：

誓扫匈奴不顾身，五千貂锦丧胡尘。可怜无定河边骨，犹是春闺梦里人。

道行肤浅的两堂僧众们，为区区一只猫生起争执，恰恰说明他们浮躁我执心、我慢心还太重。

挥刀斩猫，可以一下子让他们惕然醒悟，真正认识到一切无常的道理。这种杀，是一种“活杀”。如果众僧学人中，有能体味其中机锋者，一定会疑团尽碎，彻见本心。

南泉禅师斩猫，大智大勇，抛开了佛教平常的修持，不顾果报，触境成机，随时施教，意图把满堂俗僧由兔马变成龙象，可谓用心良苦。而后，赵州从谂禅师把鞋顶在头上的怪异之举，更是深具奥妙。

依据常理，鞋，本来应穿在脚上。赵州从谂一反常态，置于头上，顶戴而出。这种不落言诠的禅机，就是告诉南泉普愿和尚说：猫有佛性也罢，无佛性也罢，众俗僧的愚蠢举动，恰似头上穿鞋一般的本末倒置。可见，赵州从谂禅师不仅深得南泉和尚心意，能参活句，而且举一反三，两个人心灵感应，机锋相合。

两堂僧人执幻为真，妄生争执，就是本末倒置。赵州无言的、看似荒唐的举动，恰恰将颠倒了的世界再颠倒过来。鞋置于顶，南泉和尚的杀人刀，顿时变成了活人剑。如果往仔细深处想，赵州和尚还有更深的意思：他头上戴鞋的举动，不仅把两堂愚僧的妄执偏颇呈现出来，也把南泉禅师罩入其中。

猫儿无知，干卿底事！

南泉、赵州师徒，趣事多多。除了“斩猫”以外，还有“平常心是道”的著名公案。

一日，赵州从稔向师傅南泉普愿发问：“什么是道？”

南泉普愿：“平常心是道。”

赵州从稔：“道，可有趋向所指？”

南泉普愿：“拟向就趋，就是乖逆。”

赵州从稔又问：“那该如何了解道呢？”

南泉普愿：“道，不属于知，也不属于不知；知是妄觉，不知是无记。”

闻言，赵州从稔禅师颜色欢和，胸中顿时廓然洞明，

对这种“法尔随缘”的彻悟，宋朝的无门慧开禅师写下一首非常有名的诗偈，赞颂这段公案：

春有百花秋有月，夏有凉风冬有雪。

若无闲事挂心头，便是人间好时节。

13．放下！

严阳尊者（赵州和尚的弟子）初次参问赵州从谂禅师，问："我抛弃了一切，双手空空，又能怎么样呢？（一物不将来时如何）？"赵州从谂："放下！"

严阳尊者："我手中什么都没有，还要放下什么？"

赵州从谂："如果放不下，就挑起来走吧。"

顶灌醍醐。严阳尊者大悟。

这位赵州禅师的法嗣，日后云游天下，身边常有一蛇一虎相随。从今人的眼光看，严阳尊者是个动物保护主义者，日日手饲虎蛇。但在时人眼中，蛇虎相伴，倒是禅师的神异之事，他们认定华阳尊者是得道高僧。

日后，有后学僧人问华阳尊者："如何是佛？"

华阳尊者很有他老师赵州的风范："土块。"

又问："如何是法？"

华阳尊者："地动。"

又问："如何是僧？"

华阳尊者："吃粥吃饭。"

果然是青出于蓝，不减于蓝！"放下"，这个公案，看似简单，实际非常不简单。赵州禅师要严阳尊者"放下"的，其实正是这个弟子来问的“一物不将来时”这个念头。

严阳尊者起先并没有开悟，接着向老师问问题。见境发机，赵州就说了句反语：“如果放不下，就挑起来走吧。”

点拨到位，严阳尊者疑情顿释，豁然大悟。

严阳尊者“两手空空”，这种空境，确实已经是到达了某种悟道的层次。但是，如果在这个“死水顽空”的层次上面恋恋不去，依旧执着胶着，甚至沾沾自喜，就又成为新的负累，衍生新的妄念，最后反而会变成了新的禅悟障碍。

赵州从谂（shěn）禅师（778—897），唐代山东曹州人，俗姓郝，拜禅宗大师南泉普愿为师。年过八十以后，赵州和尚由于道行高深，被请往赵州的观音院作住持，因此，世称他为赵州从谂禅师，享有“古佛”之称。

这位智慧深湛、语言幽默的大师非常高寿，唐昭宗乾宁四年才圆寂，时年一百二十岁，朝廷敕谥为“真际大师”。示寂前，曾有学僧问他：“师父高寿多少？”赵州和尚诙谐地说：“一串念珠数不尽。”

赵州从谂禅师，机锋淳厚，随境施机。他举手投足，行动坐卧，甚至举谈笑骂，都蕴含无尽的禅意。在穿衣吃饭的看似普通的禅境中，他总是以平实的话语导引学僧和大众，为后世留下许许多多发人深省、趣味盎然的公案和话头。

遥想释迦牟尼，二十九岁离家苦修。到他三十五岁时，恍然悟道，完全摒弃了苦与乐、迷与信、是与非、对与错等对立观念的相对知识，超越人我界限，达到真“空”，那个时候，他连修行本身也一概不谈。

释迦在菩提树下坐禅的时候，有一个人，拿着两个花瓶敬献给他。

释迦说：“放下。”

来人放下一只手中的花瓶。

释迦又道：“放下。”

来人放下了另一只手中的花瓶。

见此，释迦依旧说：“放下。”

来人茫然，“我现在两手空空，你还让我放下什么？”

来人是俗人，没有华阳尊者的悟性，他当然不理解释迦的用意：让他放下的，是献花瓶的这颗“心”。

所以，赵州禅师的“放下”，来历大不俗，源头大不凡。

与“放下”相类的公案，赵州从谂禅师还有不少，现择取两个典型的“案例”：

第一个公案。有女尼来访赵州禅师，问：“禅门秘意，到底是什么？”

赵州禅师伸手，在尼姑如雪肌肤上轻施指爪，掐了她一下，笑道：“就是这个。”

女尼登时脸升桃云：“没想到，你心中还有这个。”

赵州禅师面无表情，回道：“不！是你心中，还有这个！”

也就是说，女尼依旧没有抛却男女意识，自然没有上升到禅悟的真境。

第二个公案。弟子文偃在佛殿拜佛，赵州禅师路过，就用手中拄杖打了他一下，问："你在做什么？"

文偃忍痛，回答："我在拜佛啊"

赵州大声呵斥："拜佛干什么？"

文偃不服："佛门弟子，拜佛是好事呀！"

赵州禅师一脸淡然："好事，不如无事。"

拜佛，确确实实是好事，但如果心存执着，非要当"好事"来刻意去做，反而不如无事。

禅悟的"空"观，一问一答，言来语往中，尽显生趣。

赵州禅师对禅宗最大的贡献，在于彻底把"心"与"境"收归一心。

在佛学中，"境界"一词，有两种含意：一是指心色二法构成的经验世界；二是对佛法第一义的体证的深浅。

从慧能开始，"境界"，就是指第二义而言。

中国禅宗的发展，主要经历了三个阶段：第一阶段，是传统禅学阶段，即"舍有限而入无限"的无我之境；第二阶段，就是六祖慧能阶段，即"于有限体中认无限"的有我之境；第三个阶段，就是马祖、石头二系为代表的、赵州禅师为主流的阶段，也就是"即有限为无限"的存有之境。

赵州禅师，他深刻理解人心受到理性意识浸染以后那只非本真状态对禅悟的危害，数十年间，孜孜不倦，一直点拨学人，言传身教，清风化雨，以“真如之心”取代那些“内滞于念、外执于相”的“执着之心”。

赵州禅的禅风，明快简洁，趣味盎然，所以，对东邻扶桑的矮禅师们也大有教益。

日本明治时代，有个非常有趣的坦山禅师，此人从不遵守戒规，要吃就吃，要睡便睡，抽烟喝酒，样样都不耽误。一日，坦山禅师和一个禅友外出，在山间突遇大雨，近处的一条溪流，顿成小河。二人准备横穿过河之际，发现了一位仪态万方、身材窈窕的姑娘。她身穿漂亮和服，正打着一把细花雨伞，左顾右盼，站在河边为难，显得楚楚可怜。

坦山禅师知道姑娘踩木屐过河有危险，大手一挥，召唤道：“我来抱你过河，姑娘。”姑娘忸怩半晌，最终怕和服被河水浸脏，羞红小脸，小脚一蹬，一个背空翻，被坦山禅师抱起，渡过了水流湍急的小河。

过河后，姑娘致谢：“俺一鞠躬你妈就死嘎！（日本话）”挥舞小白手告别。坦山禅师扬手拜拜。姑娘走了，坦山也走。而他的禅友，却大脸耷拉，霜打茄子，闷闷不乐，腮边咬肌滚动。两个矬子无话，一直默默行走。最后，到了晚上，该挂单寄宿时，禅友憋不住，忽然以叱责的口吻，大声对坦山发问：

“巴嘎牙鲁！你良心大大地坏了！我们出家人，最忌讳亲近女色，特别是白天所见那种年轻美貌的花姑娘。你怀中抱着她过河，已经犯了色戒。你说，难道你就不怕佛祖惩罚吗？”

坦山脸不变色心不跳，坦然道：“咦，你是说那个过路的女子吗？我的这里，早就把她‘放下’了，你，怎么心里还抱着她呢！”

坦山的“放下”，与赵州禅师的“放下”，禅机彷佛，相映成趣。

14. 庭前柏树子

时间：唐朝。

地点：赵州观音院佛堂前。

人物：赵州从谂禅师，一个大和尚。一群小和尚。

场景：万里晴空，风和日丽。古柏森森，枝摇条曳。大殿内，僧众列集，表情肃穆，都在聚精会神，听赵州禅师讲禅。

赵州从谂禅师：“老僧我，年青的时候，曾到沩山灵祐禅师处学习，恰好，有学僧前来拜谒。学僧问沩山：‘如何是祖师西来意？’。沩山不回答问题，反而对来人说：‘把禅床给我搬过来’。据我看来，作为得道宗师，当时他不应该这样来回答学人的问题，应该以本分事来来开示和导引。”

话音刚落，马上有学僧起立，当庭发问：“请问师父，如何是祖师西来意呢？”

赵州禅师抬头，仰望着风中摇曳的古柏，意味深长地回答道：

“庭前柏树子。”

学僧又问道：“师父，你不要用境界开示来人。你还是请您明确告诉，如何是祖师西来意呢？”

赵州道：“好吧，我不用境界开示，我会明确告诉你。”

学僧追问：“如何是祖师西来意？”

赵州正色，朗声答言：“庭前柏树子！”

学僧所问：“如何是祖师西来意？”话中的“祖师”，是指禅宗的中土初祖达摩。

自慧能以后，禅门弟子们反复参究为什么达摩从西土而来，急切地感悟达摩来中土弘扬禅法到底意趣如何，所以，“如何是祖师西来意？”，一直成为禅门中的热门话题。答案，林林总总。其中，唯独赵州禅师的回答，最为情趣盎然，最为合情合理，最让人咀嚼不已。

“至道无难，唯嫌拣择。才有语言，便是拣择。”赵州禅师的这些话，就是指出：语言，即是分别妄想。眼前的学僧刨根问底，死死咬住“如何是祖师西来意”，就是一种分别妄想。

如果赵州禅师像日后的大梅法常禅师说“西来无意”，显然就缺乏活的机用，堕入无事的死水，微澜不起。所以，赵州禅师并不接学僧的话头，他随口一句“庭前柏树子”，其实是张牙舞爪，抖擞威风，目的就是想促使学僧能悚然惊醒，顿断理路。

学僧性愚，不依不饶，认为赵州和尚是“将境示人”，以譬喻还譬喻，怀疑赵州禅师的答言模棱两可。

赵州禅师很有耐心，表示说“我不将境示人”。学僧自以为得计，再次追问。不料，赵州禅师依旧是那句“庭前柏树子！”

如果尽剥禅悟的隐语不深究，赵州禅师所说的“庭前柏树子”，只是随意表达的一种物体罢了。如果他当时看见迎头飞来一只乌鸦，肯定会回答“一只大乌鸦！”所以，他所说的是“柏树子”，只不过用这个概念来推翻学僧粘连于物的执着，来表达禅不可言道的精髓所在。

至此，这个公案还不算完。

那个学僧慧根短浅，但是喜欢刨根问底。隔了几天，他看到赵州和尚坐在院子里面晒太阳，就问：“柏树子，有没有佛性呢？”

赵州禅师：“有。”

学僧：“柏树子既然有佛性，它什么时候能成佛呢？”

赵州禅师：“待虚空落地时。”

学僧：“虚空几时落地？”

赵州禅师：“待柏树子成佛时。”

学僧惘然，耷拉着脑袋，丧家犬一般，悻悻而去。

其实，赵州禅师的“虚空落地时”，不是实指，而是借喻禅宗至境中那种能够泯灭心和境等种种妄想差别的境界，也就是身处“妙高峰顶”的感觉。

佛教的“三界唯心”、“万法唯识”，指出一切都是境由心生。所以，学僧以俗眼观之，柏树子是境；但赵州禅师以佛眼观之，柏树子就是心。正因为如此，在前一个语境中，赵州禅师言之凿凿，说他自己并没有“将境示人”。学僧不是知名达慧的根器，他转头再问赵州禅师“柏树子可有佛性？”显然，他还是固执于“有情”。柏树子在“有情”的前提下，才能探究它是否有佛性。如果柏树子属于“无情”的类别，当然它就没有佛性。

赵州禅师泯灭差别，消除六根，想给学僧打通凡圣，断言柏树子有佛性，能够成佛。这是因为，境即是心，心即是境，所以，“无情”的柏树子，也是“有情”之心的外现。

那个学僧的问题，恰恰是不少初入禅悟之门的人们的问题，正是他们自己内心中对于问题、名相的执着，最终成为了自己修禅悟道的最大障碍。

赵州禅师的“庭前柏树子”，就是让愚顽的人们去掉蔽遮在心中的云翳，把握眼前，之下人心，契入禅境，从根本上截断一切妄念。

与此相类，赵州和尚还要口头禅：“吃茶去！”。

话说有一日，有两位外来僧人来寺院参访赵州禅师，态度极其礼敬。

赵州禅师问他们：“你们以前来过这里吗？”

一僧躬身回答：“未曾到。”

赵州禅师：“吃茶去！”

另一僧忙说：“我曾到过这里。”

赵州禅师：“吃茶去！”

一直侍立在一旁的监院，大惑不解，就问：“师父，这两个人，来过的、没来过的，为什么您都要他们吃茶呢？”

赵州扭头，大叫监院的名字。监院应诺。

赵州立刻说：“吃茶去！”

曾到的和尚，未曾到的和尚，还要本来就在寺庙的监院，为什么都要吃茶去呢？

要去吃什么样的一碗茶呢？

这碗“赵州茶”，盛装着赵州禅师的一颗滚烫而平静的禅心。

“我法无别”。体证禅悟，关键是不同个人独特的体验与实证。所以，如果以语言来表达，难免隔靴搔痒。

“吃茶去！”各吃个人茶，各饮各人水。冷暖浓淡，苦甜酸咸，都是自己的实在体悟。

所以，赵州禅师的禅法，在无尽的回味当中，还有一种众生平等的意念在里头。

参禅悟道，修心最难。

禅宗的机锋话头，到了宋代，就从赵州和尚的淡泊，到日趋激烈和浓艳。

宋朝的张九成，是个状元郎出身的大理学家。那时的文人，都喜欢参禅讲道，一次，他去寺庙造访喜禅师。

禅师问张九成：“你来这里，想干什么啊？”

张九成自觉很诙谐，拿着肉麻当有趣，回答说：“打死心头火，特来参喜禅。”

喜禅师，就是大慧宗杲禅师。他的法号叫“妙喜”，所以张九成说自己“特来参喜禅”。

眼见面前这个人面露得色，自以为是，大慧宗杲禅师知道他禅悟的根基不深，机缘未至，就反唇相讥道：

“缘何起得早，妻被别人眠？”

男人就怕戴绿帽，张九成火气顿起，大怒回言：

“无明真秃子，焉敢发此言？”

见小张发怒，大慧宗杲禅师莞尔，笑看对方，说：

“轻轻一扑扇，炉内又起烟。”

号称已经“打死心头火”的翩翩状元郎，暴跳如雷之下，“炉内又起烟”，浅薄的智识，顿时显现。

听妙喜禅师如此讲，张九成不得不低头，深感惭愧之余，大有所悟（故事见褚人获《坚瓠集》）。

可见，无论是“庭前柏树子”，还是“妻被别人眠”，都是禅宗大师们信手拈用的即兴点染。如果学人悟性高，自然从中受益匪浅。

多嘴一句，那个张九成，乃宋代理学发展过程中从二程到朱陆的关键性人物。由于他早年多与禅宗大师交游，受禅学影响颇深，而被理学家讥讽为“改头换面，借儒谈禅”。朱熹更进一步，把他的见解斥为“洪水猛兽”。

由于张九成是秦桧的政敌，宗杲禅师日后也受牵连，被秦桧强迫还俗，一直到权奸死后才重新披上袈裟。

如果秦桧秦大人胸中有“柏树子”，哪里会干那么多缺德事！

15．烧木佛取暖

丹霞天然禅师云游，挂单于洛阳慧林寺。时遇天气大寒，冻得哆嗦之余，他从佛殿上搬取一塑木佛，点燃后，向火取暖。

慧林寺方丈闻讯大怒，拄杖而来，呵斥说："你怎么敢烧毁我寺庙内的木佛！"

丹霞天然禅师不慌不忙，用木枝在火间拨拉，回答道："我正在烧取佛舍利。"

方丈更怒："木头里面哪里会有佛舍利！"

丹霞天然闻此语，恬然起身："既无舍利，我再取两个木佛烧烧无妨！"

方丈闻言，耸鼻瞬目，眉毛脱落。

丹霞烧木佛，就成为禅门最著名的公案之一，日后还被称为"最上乘法门"，几与释迦牟尼拈花示众相仿佛。

天然禅师（738—824），唐朝邓州（今河南南阳市）人，南宗第四代禅师。他年青的时候，曾经发愤图强，埋头苦读，想考取进士。赶考途中，遇到一个和尚，劝他说："选官何如选佛！"天然聆听一番教诲后，毅然放弃对功名的追求，前往江西拜谒马祖道一大师。

道一大师欢喜，推荐他去南岳，让他先从石头希迁禅师学习禅法。而后，他再回到马祖道一处，也不直接前去参拜，而是骑在庙殿中的罗汉塑像脖子上哈哈大笑。马祖听说后，心知此人已经达到色相皆空的境界，大声叫好："我子天然！"天然顿时从塑像上飞身跃下，跪拜马祖大师："感谢大师赐我法号！"

唐朝元和年间，天然禅师云游回河南，止脚于洛阳慧林寺，就上演了方才一幕"烧木佛"公案。

历史上，天然禅师还是一位很会推销自己的和尚。

他得知洛阳郑留守的车驾常常路过洛阳的天津桥，就故意找机会横卧在桥中间。

一天，郑留守的仪仗从天津桥上过，见一和尚倒卧路中间。轿中端坐的郑留守生怒，大声喝问："何人大胆，敢阻我路！"

天然禅师恬然而答："我乃无事僧。"

"无事僧"三个字，看似平易，包含着真正的禅髓在其中：无事即贵人！这种人，才是自性圆满、与佛无别的人！

郑留守闻言大异。他立刻下轿与谈，倾心不已。

日后，郑留守月供米面，岁施香火，常常赠送衣物银两给天然布施。从此，天然禅师在洛阳名声大震。

由于天然本人就是举子出身，学洽内外，善书能诗，以至于士大夫们争相交结，清漪潇洒，名震一方。

元和十五年（820），天然禅师南下到南阳的丹霞山，见群山竞秀，万壑争流，大喜林泉高致的他，兴致勃发，栖止于此地，创建寺院，最终定名丹霞寺。

起名“丹霞”的原因，在于此地早晚之际，彩霞赫炽，色若渥丹，灿如明霞。所以，天然大师，日后就被人称为天然丹霞。

整个禅宗历史上，叱佛喝祖的事例不少，但真正把佛像当劈柴少的，就天然禅师一个人。故此，他可谓是一烧成名。

赵州禅师有言：“泥佛不渡河，铁佛不渡炉，木佛不渡火。”万万千劫，世人执迷不悟，总是把自性内心向外攀缘，恰如如猎狗逐兔，从无止歇。

其实，拜佛、供佛，其实都是形式上的仪式，最主要的，在于人心中有佛。泥塑的木雕，丹青的彩绘，只是帮助信众修行的工具而已，佛像偶像本身，并没有任何灵性。

可以这样理解，在丹霞大师内心中，佛的法身，遍于整个宇宙世界，早已超越了形质。他烧佛的举动，不过是为破除一般人把物当成佛的谬误，也是帮助旁观者和后来者断烦恼、见自性，破执着、明佛性。

而且，真正的佛教，本来是不讲偶像崇拜的。《金刚经》中反复强调：“不可以（凭）身相得见如来”；“凡所有相，皆是虚妄。若见诸相非相，即见如来。”

而且，禅宗常常强调“佛性本空”、“理佛无相”，这也是佛教的主流观点。佛教主张“破相”，即要打破信众因不明真理而认为“因缘所生的事物”是永存不变的错误观念。

佛像木偶，其实也在佛教所要破除的“相”之列，因为这些泥塑铜铸的偶像，不过是一种因缘所生的假合体，根本不能永存不变。推论而言，它们的本体，当然是“空”，所以也要破其“相”。

寺庙内的佛像，是一种方便法门，只起着随俗引导的作用，因为普通信众只会对佛像跪拜，他们不会跪拜一块顽石——从“本体为空”的佛教原理讲，一块顽石与一尊佛像无丝毫分别。

寺庙供奉佛像，在于引导信众去礼拜偶像所象征的精神和真理。从佛理上讲，不仅不能把看见佛像当作是见到佛，即使是释迦牟尼在世的时候，都不能认为看他的肉身而以其为师，否则，就会犯“著相”的错误。

佛，是超感觉的理念境界，乃高级的精神境界，而不是凝固的、静止的、可见的物质形象。

慧林寺的方丈，一念嗔心起，百万业障开，才落得眉毛堕地的下场。虽然描写有些夸张，却也给人以极其强烈的文字视觉印象。

当然，后人，特别是现在的人，无论是僧人还是信众，如果模仿丹霞天然大师的举止，不仅仅是东施效颦，而且会因为毁坏文物而遭拘捕。惊世骇俗之举，可一不可再，可遇不可求！

丹霞天然大师这种“革命性”的举止，发展到后来，就出现了临济宗禅僧“逢佛杀佛，逢祖杀祖，逢罗汉杀罗汉”的峻烈机锋。

16．髑髅里眼睛

香严禅师，乃百丈怀海大师的得意弟子。

百丈大师圆寂后，香严到师兄沩山灵佑处学禅。

某日，沩山师兄一句问话，让香严禅师顿陷迷惘：“师弟，我知道你在师傅面前一向以智慧出名，现在只想问你，父母未生前，你的本来面目是怎样的？”

香严百思百端，想破脑袋，也回答不出。懊丧之余，他只好跪下，求问沩山师兄。

“无可奉告。如果我真有什么东西可以告诉你，那自然也是我的东西，不是你的东西。”沩山说。

香严大失所望。一气之下，他烧毁了身边所有的经卷，准备隐姓埋名，过苦行僧的生活。于是，四处兜转过后，他隐居于南阳国师慧忠禅师的墓地附近。

一天，除草扫地后，稍事休息，香严禅师不经意抛出一块瓦砾，忽然击中了一根竹子。

当啷，清脆一声响，香严顿然大悟！

在那瞬间，香严禅师终于超越了一切时空、因果，幡然而悟。那个时候，他跨过了物我的界限，与万物凝为一体，与清脆的声音合而为一，真正进入了存在的深处，把他自己融进了宇宙的万有。

那一刻，香严本人，就是脆响的声音，就是葱郁的翠竹，就是宇宙万物，他真正的本体自身，煌然耀于心中。

终于，他洞悉了什么是自己父母未生前的本来面目！

大悟之下，香严禅师作了一首偈诗，在感谢师兄沩山的同时，表达了自己获得顿悟的欣喜之情：

一击忘所知，更不假修持。

动容扬古路，不坠悄然机。

处处无踪迹，声色外威仪。

诸方达道者，咸言上上机！

这种真正的体用双彰开悟方法，显示了香严禅师本人独特的深邃的禅悟体验。只有在体用两方面圆融通透，相即相离、相离相即、不即不离的关键当口，才能超越体用！

香严禅师成名后，一日，他对大众讲法，言及本体界（即父母生前的本来面目）时，表示说：

“若论此事，如人上树，口衔树枝，脚不蹋枝，手不攀枝，树下，忽有人问：‘如何是祖师西来意’，如果不答吧，违他所问；若开口回答他吧，嘴松手颤，立刻丧身失命。那个时候，该怎么办呢？”

当时，一位虎头上座从众人中闪出，朗然答道：“树上的事情，就不要讨论了。请大和尚明示，没有上树的时候，又是怎么一回事呢。”

香严知道眼前之人已经悟道，呵呵大笑起来。

香严的譬喻中，“树上”代表的是向上门，是本体界；“未上树时”，代表的是“父母未生前的本来面目”，其实也是本体界。

本来香严禅师预先设置一个答与不答皆非的触背关，想逼使学人处于一种开口闭口俱不能的两难境界，由此，举头无路之时，学人才能发现语言文字的支离破碎，才会领悟以情识意想去揣度的情怯。

这种导悟的手法，确实奇特。真正的禅悟，即使是师傅亲切的言传身教，也不能够让弟子真正体悟。恰似一个人口衔树枝，系吊在半空，只要他一开口，就会丧身失命（纯如本真）。因为，明心见性，亲证真如，才能认知自己的“法身”，但只要是开口道出，法身即应声而灭。

虎头上座大悟慧根，他不接香严禅师的话头，一句“没有上树时”的反问，轻轻化解了香严咄咄逼人的追问，反而使得香严自己也陷入两难之境：只要他一开口，即使他是在“未上树前”，也会在言语间跌得粉身碎骨。

所以，“香严上树”的公案，说也不是，不说吧，也不是。

言默踌躇之际，却恰恰显示了禅宗注重内心验证的悟境。

虎头上座一句话，恰有浮云见日之效。有根器的学人，顿能拨开妄念，绕开死路头，走向智慧的禅悟。

一旦人的妄想熄灭后，佛性肯定能显示出活泼、天然的妙用。

香严禅师把这种悟道的功夫，浓缩为日后的“枯木里龙吟”。学人中有人不解，他又提出一个新的譬喻：“髑髅里眼睛”。

也就是说，无论是谁，只要能泯灭自己的肉眼凡识，心眼大开，正如开启枯木、髑髅中的慧眼，从超理性、超逻辑的意念中，凭借禅定的般若波罗蜜直觉意象，必能洞见宇宙中的真谛。

“髑髅里眼睛”，也象征死中得活。情识分别断去后，自然能获得新生。由此，白骨生肉，死而复生，妄念顿除，般若觉醒。

大智慧的禅师之间，善于利用这种大智大慧的机锋。有一天，沩山灵佑午睡起床，恰值仰山禅师来问讯。沩山就说：“我刚才作了一个梦，你帮我圆圆梦吧。”

仰山禅师不为所动，只是拿来一盆水和手巾，让沩山洗脸。

不久，香严禅师也来问候，沩山灵佑又说：“我作了一梦，仰山刚才已经给我圆过了，现在，你再帮我圆圆这个梦吧。”

香严不言，从炉边提水，沏茶奉给沩山灵佑。

至此，沩山灵佑大师点头颔首，不得不对刚才两个人的做法大赞不已。

仰山、香严两个人，心知肚明，沩山和尚让他们圆梦，不过是对他们设下一个关隘而已。如果二人傻不叽叽地充当解梦人，肯定会钻入粘滞执迷的圈套；如果二人用言语婆婆妈妈地解释，又会耽于言语表象。

为此，二人不动神色，倒水沏茶，以行动对沩山灵佑的机锋做了回答。这样一来，起心动念的妄心根本没有，轻微飘忽的痴念自然消却。由此，自性本觉的澄明，恰似沉埋久远的明镜，尘垢尽拭！

17．汝道阿谁是后人！

天皇道悟禅师，读者不要望文生义产生误会，此人和倭国的矮子皇帝没有任何联系。

道悟（748—807），乃唐代禅僧。他是婺州东阳人（今浙江东阳），俗姓张。道悟十四岁出家，建中元年（780），他去江西钟陵（今南昌）去拜见马祖道一。翌年，他又去衡岳参见石头希迁。由于道悟后来兴建荆州城东天皇寺并担任主持，所以被称为“天皇道悟”。

天皇道悟禅师，潇潇洒洒美男子，身长七尺，神韵孤杰，顶骨犀起，模样比玄奘大师还英俊逼人。如此天资颖悟、仪表出众的禅师，参禅悟道一点也不马虎。十多年间，他严持戒律，参学诸方，曾拜在径山国一、钟陵马祖、南岳石头等大师门下，还在余姚的大梅山修习过禅定。

径山国一，就是法钦禅师（一名“道钦”），这个人是牛头法融门下的第六代法裔。由于道行深厚，径山国一得到唐代宗、唐德宗两代帝王的礼遇，被皇帝钦赐为“国一”的法号。

牛头宗的禅学思想，以大乘“般若空观”为主旨，深受中国老庄哲学的影响，提倡“无情有性”。道悟在径山大师指导下，禅悟大进。

唐德宗建中元年（780），道悟离开大梅山，跋涉到江西进贤县，向马祖道一参学。在牛头禅的基础上，道悟又把马祖道一的神髓尽纳于心：即心即佛，非心非佛，平常心是道。

转年，道悟去拜访石头大师。石头希迁禅师乃《参同契》的作者，他的禅法，体用兼赅、圆融无碍。有这样的大师点拨，道悟禅师功力倍进，禅悟的境界日益提升，禅机阅历，圆熟通融。

道悟禅师在注重心性修持前提的同时，坚持禅定修习，对各家禅法博采兼融，最终将洪州系、石头系两个不同的宗门合并，可称对石头一系的发扬光大出了不少力气。

初次拜见石头希迁大师，道悟禅师劈头就问：“如果超脱了定慧，那用什么方法去开示别人呢？”

石头大师不为所动：“我这里本来就没有奴婢，超脱什么？摆脱什么？”

天皇道悟：“你这句话让人如何理解呢？”

石头希迁：“你知道什么是‘空’吗？”

天皇道悟：“我得到过‘空’，非是从今日开始。”

石头希迁：“不料你原来是从那边来的啊！”

天皇：“我道悟不是那边人！”

石头希迁：“我早就知道你的来处！”

天皇道悟：“大师您没来由，何故诬赖我呢？”

石头希迁：“你本身就是证据啊！”

天皇道悟不情愿地说：“虽如此，我们如何去教导后人呢？”

石头希迁挥袖：“汝道阿谁是后人？（你说说看，谁是你的后人？）”

瞬间，大汗淋漓中，天皇道悟得以顿悟。

可见，在见到石头希迁大师之前，虽然曾在径山大师和马祖道一大师两人门下学习，天皇道悟的“有所得心”，还是没有从根本上完全消除，参禅而未悟道。

禅修之中，定与慧，是必不可少的。因定，才能发慧。但是，真正参悟过程中，学人又不能执着于这些名相。所以，石头希迁大师的接机语里才有这样的话：“我这里本来就没有奴婢，超脱什么？摆脱什么？”此话一出，就把道悟所执着的名相尽皆打散。

而后，师徒话锋相接，层层剥茧，石头大师最后一语“汝道阿谁是后人”，把天皇道悟禅师的一切“有所得心”，彻底清扫得干干净净。

“我早就知道你的来处！”，石头大师劈头一句话，看似激烈、咄咄逼人，其实蕴含着无限的期许和慈悲；而最后一句“汝道阿谁是后人？”如雷贯耳，把天皇道悟的妄念击得粉碎雪散。

禅悟者最大的毛病，就是连自己都不能超脱的时候，还妄想着如何去开示、度化后人。

这种自心的妄念，其实早已经把自己禁束住，哪里还谈得上悟道呢。

悟道后，道悟住持天皇寺。他入室弟子中，最有名的当属龙潭崇信。

龙潭崇信，原本在天皇寺旁边卖饼为业。出于信仰，他每天都送天皇道悟禅师十个饼作为供养。对此，道悟收纳不误。但每次食毕，他都要留下一个饼回赠给崇信，还得便宜卖乖地说："吾以此饼照顾你，荫及你子孙！"

时间一久，崇信大不高兴，直截了当地对道悟禅师说："这些饼，都是我送给你的，你怎可每天还我一个，有什么意思呢？"

天皇道悟禅师微笑解释道："你能每天送我十个，为什么我不能每天还你一个？"

崇信怒气冲冲："我既能每天供养你十个饼，哪里还在乎你还我一个饼？"

道悟禅师大笑："一个你还嫌少啊？十个我都不嫌多，一个你却还嫌少？"

听此言，崇信恍然有所悟，他便低头沉吟起来。

见此，道悟立刻唤醒崇信："觉悟只是当下的事情，稍有杂念，就不是纯粹的顿悟了！"

道悟禅师接着说：“一生十，十生百，乃至能生千万，世间诸法，皆从一而生。”

悟道后的崇信朗声答言：“一生万法，万法皆一！”

二人符契，相视大笑。

由此，崇信最终下决心，入于道悟禅师门下，出家为僧。后来，他在龙潭结庵居住，故而世称他为龙潭崇信禅师。

你的，是我的；我的，是你的。多少不二，心物不二，你我不二，有无不二。宇宙万有，千差万别，但最后皆归惟一的禅心。

由一个烧饼引发的公案，让人禅心起悟，灵机大动。

与马祖道一禅师当头棒喝式激烈的禅法相比，道悟教导学人的方式，在于解黏去缚，平和蔼如，春风化雨，娓娓道来。但是，天皇道悟举手投足间，言谈话语间，也处处包藏深意，绝对不允许弟子学人在禅悟中有丝毫犹疑。因为，哪怕是片刻的时间空隙，那些杂秽平常的妄念，就会闪闯入内，干扰悟道的过程。同时，道悟还提倡：“恰恰无心用，正是用心处”，认为禅修的关键，就在于接机圆融。

有时候，学人往往会出惊人之语，询问禅悟的有关问题。对此，天皇道悟禅师常用一句话来回答：“不要说我理解佛法啊！”

大用机锋，暗流迸发，波涛汹涌。

如此平淡而惊人的一句话，顿时把学人凝滞沉积的相对情识全部消除干净，尽释其疑！

即使到生命肉身的最后，天皇道悟禅师的“死”，也不同凡“死”。

他圆寂前，告知徒众，他将于四月晦日坐化。时辰一到，弟子们齐集榻前。

道悟忽然摆手，招来典座大弟子，问：“会么？”

典座弟子仓惶，回答道：“不会。”

道悟闻言，就把头下的枕头拿起，抛在地上。然后，他平静圆寂。

天皇道悟最后这个举动，到底是什么意思呢？生死事大，所以，道悟才问典座“会么”。这，就是问他，你是否理解生死无常啊？典座本人，还没有修行到家，依旧执着于生死，所以，他仓惶中回答说“不会”。为此，天皇道悟禅师做出最大的临终对别人的关怀，立刻抛枕示寂。

此举，其实就是开示弟子，告诉他们：生死之事虽大，也应该以平常心来对待！

18. 月下披云笑一声

一天晚上，月色如水，寒霜侵人。

药山惟俨禅师揽衣登山，越走越快，登上一座高峰。

他放眼望去，层林如墨，灯火如炽。仰头而观，轻云缥缈，明月乍现。胜景如此，药山惟俨禅师心内澄明，情不自禁大笑一声。好这一声笑，如雷而滚，划过长空，山谷回绕，此起彼伏。

日后，有好事者传得神乎其神，说禅师这一笑，竟然声达澧东九十多里。

当时，诗人李翱为朗州刺史，听说惟俨禅师此事后，立刻挥毫泼墨，作诗一首：

选得幽居惬野情，终年无送亦无迎。

有时直上孤峰顶，月下披云笑一声。

药山惟俨禅师（751—834），唐代禅僧，出自青原行思禅师的法系。他是山西绛州人，俗姓韩。他以上，师傅辈有慧照、希操、马祖、石头这样的大师；他以下，法脉绵延，又出现了曹洞宗的两位开始大师，可谓是影响深远，层层升华。

药山的来历，据《宋高僧传》，说惟俨在“朗州药山”。而《五灯会元》，则称他在“澧州药山”。按照现在的建制，则是在湖南省津市药山，具体地点位于津市南端与鼎城区交界的棠华乡药山村。唐朝贞元初（约790年），其地首建慈仁寺。太和年间，惟俨禅师住锡此寺长达40多年，更名药山寺。所以，他被称为“药山惟俨”。

惟俨禅师，属于大器晚成类型。大历八年（773），他已经三十岁，才在希操禅师处受具足戒。惟俨本人精通三乘十二分教的佛理，基础扎实深厚。但他对于这些“文字禅”，内心不屑，常常慨言：“大丈夫当离法自净，谁能屑屑事细行于布巾邪！”显然，他对自己成日沉湎于佛经律藏很不满足。于是，他受戒后不久，就告辞希操禅师，跋涉迢迢，去湖南衡岳去见石头希迁禅师，想投在石头门下修炼。二人见面，便产生了一段“公案”。

惟俨禅师见到石头希迁后，开门见山便问：“三乘十二分教，我已经粗知大意。我曾经听说，南宗禅宣扬‘直指人心，见性成佛’。对此，我不是很明白，希望大师能给我指点一二。”

石头和尚道：“恁（nin）么（这样）也不得，不恁么也不得，恁么不恁么总不得。你该怎么办呢？”

听完石头希迁这段“绕口令”，惟俨禅师成了丈二和尚，完全摸不着头脑。

石头希迁知道惟俨机缘未到，就对他说：“你的禅悟缘分不在我这里，还是先往道一大师那里去修行一下吧。”

惟俨禅师一直想当佛门“大丈夫”，就是一直想脱离法、我二执。所以，在他看来，三藏十二分教，都只是权巧方便的工具。只有向外驰求，才能自见本性，才能成佛。

石头希迁禅师属于青原行思法系，乃六祖慧能的法孙。他所持禅法，圆融涵括了佛教其他宗门以及世法，富于哲理思辩。但相比承继南岳怀让法系的江西马祖道一这位师兄，希迁认定师兄的禅法更适合惟俨。

马祖道一禅法奇特，他主要把六祖惠能“当下即心”、“明心见性”加以发挥，利用喝、打、竖拂、画地等灵活多变的方式，触境随机，启发学人自悟。所以，马祖道一的禅法，“行”大于“理”。

惟俨依照石头希迁禅师的指示，前往江西参见马祖道一。

在马祖座前，惟俨把曾经问过石头和尚的问题重新提出来，再问马祖。

马祖道一：“我有时教伊（他们）扬眉瞬目，有时不教伊（他们）扬眉瞬目，有时扬眉瞬目者是，有时扬眉瞬目者不是。你怎么办呢？”

这个回答，虽然和石头禅师的“绕口令”差不多，也是“吃葡萄不吐葡萄皮，不吃葡萄倒吐葡萄皮”风格，但惟俨然禅师却能当即恍然大悟。

他立刻跪下，在马祖座下欢喜礼拜。

惟俨之所以能顿悟，就是因为马祖道一的禅语，比起石头禅师的话头，更加具体，更加有指引性。其实，二者的意思都是一样的，无非是告诉惟俨，不管别人如何教导你，不管你自己通过什么方法，都是别人的、外在的东西，只有自己启动自身的佛性和心性，才能真正禅悟。

看到惟俨倒身拜舞，马祖问：“你从我这里，获悉了什么道理，就下跪礼拜？”

惟俨禅师回答：“我在石头禅师处，如同蚊子叮咬铁牛。”

马祖微笑：“汝既如是，善自护持。”

由此，惟俨禅师留在马祖身边，一呆就是三年。

仔细看惟俨的回答，似乎他没有直接说出自己为什么顿悟。其实，他那一句“如同蚊子叮咬铁牛”，饱含深意：

我先前太愚笨，功名心切，总想一口吃个胖子，想立刻速成“明心见性”。这种作法，恰似蚊子叮铁牛，根本找不到入处，枉费心机。如求开悟，还是应该依靠自己的体证。

弹指三年飞逝。

有一天，马祖问惟俨：“你近日见地，有何长进啊？”

惟俨回答：惟俨禅师道：“皮肤脱落尽，唯剩一真实！”

也就是说，惟俨心悟，更上一层楼。他所剩的“真实”，就是佛法中所讲的“实相”，也就是空掉一切后，自心寂静不动的最高真实。

马祖赞许道：“你现在心中所得，可谓协于心体，布于四肢。既然如此，你将三条篾束住肚皮，可以找个山门去住持了。”

也就是说，马祖道一大师给他发了一张口头毕业证书。

惟俨禅师谦虚：“我是何人，敢言住山？”

马祖道：“不是这样说！没有常行不住的，也没有常住不行的。想增无所增，要作无所作。你还是宣法去做条渡人的航船吧。不要总呆在我这里。”

于是，惟俨禅师辞别了马祖，戴笠而去。

不过，他没有找山头建庙当住持，而是返回到石头希迁禅师那里。

惟俨再谒石头希迁的场景，很似武侠小说或者电影中的场面。

那一日，艳阳当空，万籁俱寂。惟俨端坐于大石之上，阖目打坐，衣带飘飘。

石头希迁大师闻讯，抖擞精神，大踏步而来，大袖扬扬，径自坐于惟俨面前。

石头希迁喝问："汝在这里干什么？"

惟俨微开二目："一物不为。"

石头希迁："恁么即闲坐也。"

惟俨："若闲，即为也。"

石头又大声喝问："汝道不为，不为个什么？"

惟俨双目如电："千圣亦不识！"

听罢此言，石头希迁大为赞赏，知道惟俨禅师已经彻悟，就作偈赞道：

从来共住不知名，任运相将只么行。

自古上贤犹不识，造次凡流岂可明？

与中国道家所讲的"无"不同，佛家的"空"观，是"非有非无"，既不舍有，也不取无，随心任运而行，那才是彻底的"空"。而道家的"无"，只是要消除心中的杂念烦恼。这种观点，在禅家看来，只是"住"无。因为，道家想得到的"无"，还是一种"有"，还是有所为。

惟俨所讲的"千圣亦不识！"，境界高妙，正是禅宗那种

“非有非无“的中观境界。所以，石头希迁夸他“任运相将”，就是大赞惟俨这种谁也不能认识的境界（千圣亦不识）。既然无思无虑，认识当然就成为不可能的了。特别是偈的后两句，石头禅师认为惟俨的修证妙法天然，甚至超过了佛门的“上贤”。

清风吹拂之际，石头希迁又展现咄咄机锋：“言语动用没交涉。”

惟俨禅师道：“非言语动用，亦没交涉。”

石头和尚道：“我这里针扎不入。”

惟俨禅师道：“我这里如石上栽花。”

石头禅师所谓“言语动用没交涉”，就是说，言语一类的东西，不过只是心性的显现，它们与能显现这些东西的心性本体，其实是没有交涉相关的。石头这样说，只表达了“肯定”的一面。

惟俨爱师，更爱真理，所以他说：“非言语动用，亦没交涉。”

在这里，惟俨胆大心细，在石头禅师的基础上，又补充了“否定”的一面：不言语，不动作，与心性本体也没有交涉相关。

如此一来，这个命题就达到了圆融全面的境界。

至此，石头禅师拍胸脯说：“我这里针扎不入。”

惟俨笑而答言：“我这里如石上栽花。”

如此犀利的譬喻，都是二人在引证自己所证到的金刚般坚实不坏的空空实相。

禅门机关之设，表面上容易，其实大难。其中的关键，在于造成勘问的突然性，在对方其毫无准备之时，猛然当头棒喝，使对方根本没有时间寻思动念之时，忽受刺激。如此，却往往可能使人灵机顿开。

由于在宗门观点上各有所持，石头希迁对马祖道一的“一切施用、皆是菩提”之说不是十分同意，所以他提出了批评。惟俨当仁不让，指出石头禅系那种固守灵智、沉空执寂也有偏僻。石头禅师不甘心，就拍胸说自己心如木石，已经是针扎不入，喻示烦恼外尘，皆不得侵。惟俨禅师借力打力，高言自己可以顽石上面栽花，就是明明白白告诉对方：你不要说我大石上无处植根，我自春意盎然秀挺。

参禅的悟路上，惟俨步步高。他从“蚊子上铁牛”，到“扬眉瞬目”；从“针扎不入”的“石头”，飞跃到能在“石上栽花”。一向给人以“石头路滑”不好对付的希迁禅师，最终看着在自己面前定定站立的惟俨，也对他的勇猛精进不得不表示由衷的钦服。

如此心心相印，如此暗合默契，古代禅师那令人一击三叹的智慧，让后人真的悠然神往不已。

此后，惟俨在药山弘法，长达四十多年。

说来好笑，本文开始的时候，那个作诗赞誉惟俨禅师的刺史李翱，原本是个激烈反对佛教的士大夫。

李翱，是唐朝古文大师韩愈的弟子。韩愈这个人，因为上书皇帝要“灭佛骨”，以至于“一封朝奏九重天，夕贬潮阳路八千”。可以想见，这对师徒最初对佛教是多么的排斥。

李翱开始的时候，与老师一样，认定“佛法害人”。但这个人喜欢“实践出真知”，认为既然主张排佛，自己一定要先钻研佛理，才能“以毒攻毒”，进行更有力的反击。

岂料，他深入研习佛教后，立刻被禅学所深深吸引，学得上瘾，欲罢不能，反而投入了禅宗大德的怀抱。

李翱初见惟俨禅师，很有三顾茅庐之风，躬亲拜谒。

惟俨知道刺史来，根本不理会，犹自执经不顾。

小和尚禀告了好几次，说：“太守来了。”惟俨依旧不理不睬。

李翱急性子，觉得惟俨又臭又硬，就没好气地大声说：“见面不如闻名。”言毕，拂袖便出。

望着李翱的背影，惟俨禅师笑言：“太守为什么贵耳而贱目啊？”

心知惟俨禅师言语不凡，李翱回转。他直接就问：“大师，如何是道？”

惟俨指指天，又指指地，问：“你懂了吗？”

李翱摇头：“不懂。”

意会不得，惟俨只得言传：“云在青天水在瓶。”

李翱诗人，自然对文字很有悟性，当下大悟。

他拜礼已毕，作偈曰：

“练得身形似鹤形，千株松下两函经；我来问道无余说，云在青天水在瓶。”

“云在青天水在瓶”，这句禅语，很有石头希迁回答天皇道悟的风范：心空不碍白云飞。

这两句偈语，都在暗示：学人一旦悟入以后，机境可以无限开拓，自在运用。

惟俨所说的“云”、“水”，究其“自性”，都是“湿性”。科学也可以解释，空气中的水蒸气上升到天空，遇冷凝聚而成云，再遇冷就会聚凝集成水点，然后落下来就是雨。至此，云和水的湿性并未改变。所谓“自性能生万法”，它们的自性，即湿性，仍未生灭，从未动摇。

云在青天飘摇，水在瓶中安静，天真自然，心无二用。对于修道者来说，高下在心，既能如云一般潇洒自如，又能像瓶水一样安适自在，才能得入禅悟之境。

好玩的是，在惟俨禅师使李翱低首的同时，他的师兄大颠禅师，在岭东也和一向憎恶佛教的韩愈结为莫逆。

禅之引人，莫过于斯！

药山惟俨禅师的终局，也很有戏剧性。

唐文宗太和八年（834），惟俨预感自己尘世之缘将尽，就对众徒说：“乘邮而行，及暮而息，未有久行而不息者。我的世路，马上要走完了，也该休息了。”

圆寂前一刻，药山惟俨大师大声喊："法堂要倒！法堂要倒！"众僧人惊惶，立刻搬来柱子和木板来顶撑法堂屋顶。惟俨大师微笑，摆手说："你们不明白我的意思啊。"

言罢，他安然而逝。

19．始随芳草去　又逐落花回

景岑，唐朝禅师，湖南长沙人，是南泉普愿的弟子，法号"招贤大师"，时人称之为"长沙和尚"，又称"虎和尚"。

一日，天朗气清，景岑禅师游兴大发，出去游山，兴冲冲转悠了大半天。

夕阳斜照，景岑禅师返回寺庙。

寺内首座仰山禅师见他满面红光，兴致正浓，就问："和尚，你去哪里啦？"

景岑答："我去游山了，刚刚归来。"

仰山禅师点头，又问："到什么地方去了啊？"

景岑说："始随芳草去，又逐落花回。"

仰山禅师也受感染："大有春意啊。"

景岑一脸春色："也胜秋露滴芙蕖（荷叶）！"

二位禅师，宾主互换，当机直截，各不相饶。

仰山禅师知道景岑去游山，依旧问他："到什么地方去了啊？"其实是巧妙的禅机问辩，想得知景岑当时的修行到达哪种层次。

景岑禅师心知肚明，一点也不拖泥带水，顺口就答："始随芳草去，又逐落花回。"藻丽意佳，洒脱清幽，说明自己已经从色界得入空界，显示出他得悟禅味的高妙意境。

仰山禅师闻言慨叹，心中知道景岑由凡入圣，而且，他那种"又逐落花回"的潇洒，还体现了由圣返凡的慧根，起伏往返有致，并没有任何自得，说明他虽然居于圣位，却没有落入顽空死寂。为此，仰山禅师心中也洋溢起真道证悟后的洋洋春意，夸奖景岑说："大有春意啊！"

岂料，仰山禅师的这句话，虽然也有机锋在其中，却依然在现象界中没有跳出。为此，景岑禅师得禅不饶人，又加上了一句："也胜秋露滴芙蕖（荷叶）！"就是表示说，他自己体悟了至妙禅境，来去自如，枯境活返，譬喻自己恰似秋天受寒露侵袭的荷叶，已经超越繁华凋零，由色悟臻入空界。

景岑禅师如此天真烂漫，尽得圆融空有，真让人刮目相看。

景岑与仰山，确实像一对活宝。他们之间的公案，还不止这一出。

一年仲秋，月朗星稀，寺内诸僧一起观赏天生的明月清辉。

仰山禅师手拿一轮圆月，对众僧说："这个东西，我们大家都有，只因无明，不能充分使用啊。"

景岑禅师马上反驳说："既然大家都有，你怎么知道没有人能充分使用？今天机缘会合，如此大好明月，正好等你使用，你来试试看吧！”

仰山禅师推辞：“你说的话，着实有趣，如何身试这明月清辉，还是你先试试看吧！”

景岑禅师闻言，也不客气，他奋身跳起，飞起一脚，就把仰山禅师迎头踢倒在地。

仰山禅师一骨碌爬起，掸掸袈裟上的灰尘，一点没有生气懊恼的意思，反而夸赞景岑禅师说：“虎虎生气，真似大虫！”因此，后来大家都管景岑禅师为“岑大虫”，也叫他“虎和尚”。

厚道的仰山和尚以皎月为譬喻，就是指我们人的内心往往会被浮云所遮，被无明烦恼所掩。

景岑超脱，他认为高下在心，体证在于自己，只要能有真正的禅悟，定能挥云退雾，显出清纯的自性。

仰山不大相信，让景岑试试看。景岑大脚一踢，把仰山踢翻在地，就是以行动来告诉他，如此清辉如此月，何必你来老婆舌头多言多嘴！

如果仰山着恼，就露怯了。而他一句“你真似大虫”，反而夸奖景岑的功力深厚，能静能动，神悟禅力，犹狮如虎。

至此，虽然仰山挨了一脚，二人其实打了个平手。

说到景岑，还不得不说一个典故：“百尺竿头，更进一步。”

百尺竿头四个字的最早出处，源出唐朝诗人吴融的《商人》诗："百尺竿头五两斜，此生何处不为家。"但最后变成八个字，就是景岑的禅宗典故了。

据宋代释普济《五灯会元》记载，景岑禅师应邀到佛寺讲经的时候，有学僧发问，请他解答关于佛教最高境界即"十方世界"的问题。

禅宗大师们，都是形象思维大师，景岑禅师没有直接回答学僧的问话，而是作了一首偈诗：

"百尺竿头不动人，虽然得入未为真。百尺竿头须进步，十方世界是全身。"

这个偈诗的意思是，即使禅悟道行的修养，到了百尺竿头那样的绝高境地，如果不再继续前进，那就还不是纯真妙如。所以，纵使修炼到百足竿头的顶端，还是不能放松，应该继续前进，从而由凡入圣。

至此，学僧的困惑未解，他又问："百尺竿头，如何进步？"

景岑禅师依旧不直接回答，淡然道："朗州山，澧洲水。"

学僧还不明白："弟子我还是不能理会。"

景岑禅师进一步点拨说："四海五湖王化里。"

出空入有，似言非言，所答非所问。但禅修的顿悟之境，豁然而出。

学僧迟钝的根机，被景岑大师锐利的箭镞，射得七零八落。

"百尺竿头"，境界确实已经到了极高。但是，它否就是绝顶呢？是否到此就可万事大吉了呢？答案是："虽然得入未为真。”无上的一真实界，还没有达到，还没能成为完全契入诸佛智慧觉海的“无上士”。

什么是“无上士”？《涅槃经》中解释，无上士即超越常无常、乐无乐、我无我、净无净之诸佛不二境界。

所以，百尺竿头的顶端，仍是有道可求，有法可得。参悟者应该继续向上，不可得少为足。到了“十方世界”的地步，才可以亲证如来涅槃至境。

景岑禅师类似的机用，还有如下的案例：

有僧人问景岑：“您的老师南泉普愿，他圆寂后，人到哪里去了？”

景岑禅师回答：“东村作驴，西村作马。”

僧人非常不解。如果作驴作马，岂不堕入了畜牲道？所以，他赶忙又问：“这是什么意思？”

景岑答言：“要骑就骑，要下就下。”

经此一答，僧人不仅没头脑，更加不高兴。

因为，僧人根本不了解景岑的话外之意。

景岑的一番答话，就是告诫僧人，不必执着地去问人死之后到什么地方去，一切都要顺应自然。

在禅悟的妙境里，神与魔，生与死，无常与地狱，都是一回事。空有交彻，性相融通，空有无碍。

电光石火间，景岑大师为我们指出了一个全无迷惑和恐惧的开悟世界。

20. 寸丝不挂

唐朝的宣州（今安徽宣城）刺史陆亘，南泉普愿禅师的俗家得法弟子，曾历任兖州、蔡州、虢州、越州、宣州刺史。南泉禅师晚年在池州传法，与这位陆亘大夫交往密切。在南泉禅师的不断点拨下，陆亘感觉自己越来越悟明心性。

一天，陆亘对南泉禅师表示："现在，弟子也略懂一些佛法啦。"

南泉禅师就问："陆大夫，你在一天十二个时辰当中，是处于一种什么样的状态呢？"

陆亘有些得意："寸丝不挂！"

南泉禅师摇头，说："你还是阶下汉，对禅法未能登门入室。"

因为，佛家真正的"寸丝不挂"，象征修行者已经臻于四大皆空、一尘不染的高妙境界，明心见性，洒脱无碍。当时的陆亘，其实还只是空心大萝卜，对禅法还并没有真切的体会，只会搬弄些现成的话头，善弄小智，未入真禅。在他沾沾自喜标榜自己"寸丝不挂"时，其实正被"寸丝不挂"的念头给"挂"住了。

禅宗的大智慧，是随说随扫的金刚般若。为了避免世人执著，禅宗强调人要把"空"的念头也要放下。就是说，要连"寸丝不挂"的意念都"不挂"于心，才是真正的"寸丝不挂”。

南泉禅师也机锋锐利，对陆亘及时加以钳锤，最终使他禅悟大进。

与此公案相类，还有温州玄机尼师和雪峰义存禅师的公案。

玄机尼师，一直大日山石窟里修习禅定。一天，她忽然感悟：“真如法性，澄明剔透，无去无住。我在深山老林，厌喧趋寂，哪里是真正的禅悟啊。”

得知雪峰义存名高，她就迢迢而来，到福州参访雪峰禅师。

望着堂下亭亭玉立、却面显憔悴的女尼，雪峰禅师问：“你从什么地方来？”

玄机说：“我从大日山来。”

雪峰禅师：“大日山？日头出来了吗？”

玄机：“如果日头出来，就会把雪峰融化掉啊。”

雪峰禅师一捋如雪长髯，哈哈一笑，问：“你叫什么？”

“玄机。”

雪峰颔首，接着问：“既然是玄机，一天能织多少布？”

玄机正等着这个话头，马上欣然作答：“寸丝不挂！”

雪峰禅师默然，好长时间不说话，自顾自低头沉吟。

看见雪峰禅师如此，玄机心内忖度：所谓大师，原来不过如此。

于是，她合掌行礼，转身告退。

才行了几步，雪峰禅师突然在玄机背后说道："你袈裟一角拖地了。"

玄机闻言，赶紧回头，又低身察看自己的袈裟。

雪峰禅师笑了。"好一个寸丝不挂！"

沾沾自喜的玄机，终于在大和尚之前显露出"万缕千丝"。

雪峰义存（822—908），是唐代至五代的僧人，乃洞山良价大师的弟子。他 12 岁出家，遍游吴、楚、梁、宋、燕、秦，最后落足于福州雪峰山，创立五禅院。他的门下，出了云门文偃、玄沙师备两个高徒。文偃创立"云门宗"，师备的徒孙清凉文益创立"法眼宗"。所以，禅门五宗，云门、法眼二宗出自雪峰，可以想见其宗风之盛。（也有人认为这位雪峰是岭南雪峰，此人曾直谒六祖慧能。如此的话，他辈分就更早了。到底是哪个"雪峰"，并无所谓，我们只是就这个公案说事。）

我们现在仔细分析这个公案。

雪峰禅师问女尼玄机"从何处来？"看似平常，实际是发机的禅机。

玄机冰雪聪明，她知道雪峰禅师话里有话，也只是用看似平常的话来回："从大日山来。"

第一个回合，二人平手。

"日头出来了吗？"雪峰禅师依旧是以话赶话，但也给了女尼玄机一个难题：实相的言语际断，是没有层次的回答，授人以柄。因为，是、否、有、无，都乖于实相。

因此，她接着雪峰禅师的话头，说："如果日头出来，就会把雪峰融化掉啊。"此句一出，咄咄逼人。

玄机没有正面回答雪峰禅师日头是否出来，反而用假设来回答，既夺人又夺境：如果日头出来的话，光芒遍照，连"雪峰"也没有了，人境双泯；如果日头出来的话，我玄机和你雪峰就双双沦寂。所以，她这一答，实际是告诉雪峰禅师："姑奶奶我，已经明心见性！"

至此，玄机尼师巧用文字禅，人境双夺，似乎逼使雪峰禅师哑口无言。

雪峰禅师何许人，当然不能就此打住。他跳出原头，提出新机锋："你叫什么名字？"

这一问，问得突兀，玄机来不及仔细思考，就回答："玄机。"

玄机，恰恰是双关语，它又指当时家妇人织布用的木制机子。

为此，雪峰禅师接着问："一日能织多少布？"

这一问，从语言逻辑上讲，话赶话，顺理成章。

眼看女尼玄机似乎要落在下风，不料，她奇思顿起，朗然回答："寸丝不挂！"

这种境界，按理，应该是一种高妙之境。因为，禅宗常用"寸丝不挂"的意象，象征修行者臻于四大皆空、一尘不染的那种境界。

雪峰禅师默然。

女尼玄机见好就收，心想大师也不过如此，就想转身离开。

殊不料，雪峰禅师苦口婆心，老婆心切，惟恐玄机落入浅薄的文字禅中。所以，他趁女尼精神放松的时候，忽然大声说：“你袈裟拖地了！”

玄机一回头，破绽顿出。

真正的禅悟，不仅仅是口头的见解，不仅仅是侃侃而谈的口头禅，而是那种拟议便乖，是那种不落思量。

回头低头间，女尼玄机已经暴露了她其实不能悟证一如。

为此，雪峰禅师冷笑：“好个寸丝不挂！”

后发制人，人境双夺！

玄机至此，方了玄机！

长久以来，禅宗一直提倡“不立文字”，却又留下了汗牛充栋的公案。这些公案的对话，完全不能用思维逻辑来揭示。

禅，不是能以文字的理解和观念上的接纳所能简单领会的。如果想达到彻底的禅悟，必须经过深刻的体验，摈除情见执固，这样，才能从虚幻、贪执和成见中遁逃出来。否则，就会变成玄机那样，喜欢对人炫耀自己的悟境，最终可能堕入魔境。

其实，仔细思量，大德禅师的“寸丝不挂”，依旧有令人怀疑的余地。

比如，临济宗门就发生过这样的事情：

有学僧拜谒首山有念禅师，问：“我听说大和尚您一直宣称‘寸丝不挂’，等我到了山门，忽然想问，您为什么有山可守？为什么有庙可居？这还叫‘寸丝不挂’吗？”

听此言，首山禅师脸色发红，急赤白脸地大声说：“你说什么呢？”

学僧不退步，应声大喝。

首山禅师也大喝。

学僧礼拜告辞。

首山禅师看着学僧的背影，呵呵一笑：“饶你三十大棒！”

首山禅师乃临济宗第五代高僧，他对“寸丝不挂”的佛典，当然比常人理解深刻。可是，那位弟子更不简单。他直截了当，斥问首山师傅，提出“有”、“无”两个选择题，逼使首山禅师作出选择。

寸丝不挂？对此，说“有”不是，说“无”也不是。

绕到这里，首山确实刹不住车，只好气急败坏，“你说什么呢？”

学僧得理不饶人，应声大喝。

首山和尚复大喝，却已经包含有赞许对方的意思。

学僧了解，于是拜辞而出。

到此，首山禅师如果不说话，还好。结果，他看似不依不饶地讲了句“饶你三十大棒！”

多余的一句，完全是首山禅师给自己找面子下台阶罢了。

21．看棒！

谈起禅宗的机锋迅疾，不能不说到德山宣鉴禅师。

德山宣鉴（782—865），唐代禅僧。他是剑南（四川）人，俗姓周。宣鉴年少出家，精究律藏，大小乘通吃。因他常对大众讲《金刚般若经》，时人美称他为“周金刚”。

宣鉴在四川的时候，听说南宗禅方盛，特别对于南宗“直指人心，见性成佛”的说法，由于与自己平时所学不相类同，他大为不平。一天，他对同寺僧人说：“出家人，千劫学佛威仪，万劫学佛细行，还不能成佛。而那些南方魔子，敢言‘直指人心，见性成佛’，我现在要到南方去，搂其窟穴，灭其种类，以报佛恩！”

宣鉴如此说，并非是要去烧庙杀人，而是要去与南宗禅众分辩，宣扬他自己从前所学的“正宗”佛法。

于是，宣鉴携带着《金刚经》，自出蜀道，往南方而来。

行至澧阳路上，宣鉴看见一个老婆婆卖饼，顿时感觉饥饿，就拿出钱来，指着担子，对卖饼婆婆说要买“点心”。

老婆婆看宣鉴一身和尚打扮，就问他：

“你行李中的经卷，是什么文字啊？”

宣鉴说：“《青龙疏钞》。”

阿婆又问：“所讲何经？”

宣鉴：“金刚经。”

阿婆点点头，说：“我有一问，你若答得出，我就给你点心当施舍。你若答不出，就去别处，我这里不卖你东西。”

宣鉴同意。

阿婆：“《金刚经》上说：‘过去心不可得，现在心不可得，未来心不可得。’点心，点心，不知和尚你，要点哪个心啊？”

这一问，可把宣鉴禅师问住了。他哑口结舌，无言以对，只能喟然而去。点心吗，当然也没有吃到嘴。

稍有所悟后，宣鉴禅师就到澧阳，前去参谒龙潭信禅师。

刚进入法堂，宣鉴性躁，大声嚷嚷：“久闻龙潭大名，到此一看，即不见潭，也不见龙！”

龙潭禅师很客气，躬身言道：“你已经亲身来到龙潭了。”

德山找不到话由，只得留了下来。

一天夜里，宣鉴侍立在龙潭师傅身旁，龙潭禅师忽然说：“夜深了，你怎么还不回去啊？”

宣鉴道声珍重，就往外走。没走几步，他又回来对龙潭禅师说：“外面好黑。”

龙潭禅师立刻点起一支蜡烛给宣鉴。

宣鉴刚刚要伸手接蜡烛，龙潭禅师猛然一口，吹熄了蜡烛。

烛灭烟飞之际，宣鉴禅师从缘悟达，顿时大悟。

转日，龙潭禅师对寺内僧众说：“我们这里有个汉子，牙如剑树，口似血盆，一棒打不回头。日后他向孤峰顶上，宣讲我的真如道法。”德山宣鉴开悟后，就把《金刚经疏抄》等经书在法堂上一把火烧了，然后作偈道：

穷诸玄辩，若一毫置于太虚。
竭世枢机，似一滴投于巨壑。

这首偈诗的意思是：我即使穷尽了玄理佛论，也不过像放在虚空中的一根毫毛；我用尽了世间机巧，也不过像巨壑中的一滴水珠。

礼辞龙潭禅师后，宣鉴直抵沩山，往灵佑禅师处问道修禅。

到了沩山，宣鉴和尚在法堂里里外外转了几遍，自言自语道：“无也！无也！”言毕，他就走向寺庙大门口，想不辞而别。

沩山灵佑禅师一直坐在堂上，冷眼观瞧，什么也不说。

一条腿刚跨出门，宣鉴禅师转念。他又对自己说：“即使如此，也不能草草而去。”

于是，他掸尘整服，昂头挺胸，严具威仪，重新进入法堂，要正式与沩山禅师相见。

沩山端坐，目中无人。

于是，宣鉴禅师就提起一个坐具，大声喊道：“和尚！”

沩山禅师并不为所动，侧身要去拿拂尘。

见状，宣鉴禅师大喝一声，拂袖而出。

日间无话。到了晚上，沩山禅师问寺庙的首座和尚：

“那个今天新来的和尚，到哪里去了？”

首座和尚回答：“他当时就背对法堂，穿着草鞋离开了。”

沩山禅师点头，叹道：“以后这个人，肯定在孤峰顶上盘结草庵，呵佛骂祖！”

离开沩山以后，宣鉴禅师回到龙潭禅师座下，一直在那儿住了大约三十年之久。

大中初年（847），武陵太守薛廷望资重修德山精舍，号“古德禅院”，就想方设法把宣鉴禅师请到那里，驻锡于德山精舍。所以，宣鉴禅师就被称为“德山宣鉴”。

德山宣鉴禅师和沩山灵佑之间的公案，看似德山禅师勘破妙境，其实不然。

德山大喝，大闹，大跳，掀床背门而去，一直动个不停；而沩山禅师，风平浪静，只是闲坐，冷眼观看德山和尚的表演。到了晚间，沩山禅师心平气和，准确预言了日后德山宣鉴禅师“呵佛骂祖”举动，种种情境表明，沩山禅师其实已经完全参透了德山的伎俩。

所以，在这个公案中，德山宣鉴和尚并没有真正占据上风。

德山宣鉴的禅风，最以棒喝和呵佛骂祖闻名天下。他曾经当中高言：

“这里无祖无佛，达摩是老臊胡，释迦老子是干屎橛，文殊普贤是担屎汉，等觉妙觉是破执凡夫，菩提涅槃是系驴橛，十二分教是鬼神簿、拭疮废纸，四果三贤、初心十地是守古冢鬼，（这些人皆）自救不了！”

德山宣鉴禅师的呵佛骂祖，绝对不是“反潮流”地否认佛教，其真实目的，还是在于想帮助学人解粘去缚，放弃向外驰求的妄念，回归清净自性。

干屎橛，原本指那种揩屁股用的厕筹（隋唐五代的时候，人们还没有奢侈到用纸去擦屁股）。德山宣鉴等禅师把佛譬喻成“干屎橛”等肮脏平常的东西，是要粉碎凡夫俗子的迷执，让他们开启禅悟的心灵。

自我的“无位真人”虽然宝贵，佛虽然神圣，但是，为防止学人执着名相，防止学人受到情识的污染，禅宗大师们总是千方百计，耐着性子，随施机锋，就要打通凡圣，而且随说随扫，机锋鲜活。

一切妄情执着，即使是那种把佛当成清净法身的想法，也是一种妄执。

凡属妄执，就是烦恼的源头，就要被破除。

由此可见，禅宗大师对于知性的清除，峻烈陡峭，千奇百怪，不可思议，不遗余力。

除了“干屎橛”的奇言，德山宣鉴禅师还有“逢人就棒打”的异行。

棒打学人，其实从六祖慧能开始已经开始运用。但真正形成一代风气，肯定非德山宣鉴禅师莫属。

他日后接引学人，无论是谁，入门就抡起大棒猛打：

“说得出要打三十棒，说不出也要打三十棒！”

为什么呢？德山宣鉴禅师是虐待狂吗？

当然不是！

人的自性，圆满无亏，不可言说。所以，说出来，要打；说不出来，显然是自性痴愚，当然也要打。

棒打呼喝，德山宣鉴禅师其实用来测试学人的悟境功底。

当德山大棒挥出的时候，呼呼风声中，学人根本没有思考拟议的时间余地，恰似轮王握万机，如晴天雷吼，振聋发聩，尽断学人的是非妄念。

不过，如此杀威棒，是福是祸，也依靠学人的悟性。

倘若遭遇凡愚之人，就是把他打死，他也悟不了道。

所以，德山禅师临终，对弟子们慨言：

“扪空追响，劳汝心神。梦觉觉非，竟有何事！”

就是说，如果你们追逐虚空幻响，只会劳费你们的心神。梦觉醒来，察觉道凡事尽是虚幻。人世大道，本来无事！

所以，禅修者，就怕错用功，修错法门。如果把不了义当成了义，以识为智，最终只能是白耗心神。

梦是识用，是染污，净化幻梦，何故有梦！当下即觉，故称梦觉。诸法无我，空性不可得，故称觉非。

能所双无，心境一如。行住坐卧，不沾不染，运作了无痕，竟有何事！

所以，下面这首诗，非常能表达德山要说的境界：

饥来吃饭困来眠，行住坐卧了无痕。

心空境寂开正眼，相逢原是本来人。

22．佛是麻三斤

有学僧问洞山良价禅师："如何是佛？"

洞山良价正在称胡麻，信口答言："麻三斤！"

有学僧问云门禅师："如何是超佛越祖之谈？"

云门禅师："胡饼！"

两个公案，异曲同工。

洞山良价禅师（807—869），唐代僧人，中国曹洞宗开祖。他是筠州会稽（浙江会稽）人。俗姓俞。年青时代曾师从名僧南泉普愿、沩山灵祐以及云岩昙晟。

在初始之时的禅习路上，洞山禅师凝滞丛生，不是很顺利。日后，他过水睹影，豁然开悟。由于他一直在豫章（江西）洞山普利院传法，世人称之为"洞山良价"。承继他法脉的本寂禅师，因住曹山，就与洞山良价合称为"曹洞宗"。

那个问洞山禅师"如何是佛"的学僧，确实是个执拗之人。由于听不懂"麻三斤"的意思，他就猪颠疯地跑去智门禅师处，接着问："洞山师傅说佛是麻三斤，为什么说佛是麻三斤呢？"

智门禅师正在山坡上赏花玩草，信口回言："花簇簇，锦簇簇。"

学僧一脑子浆糊："我还是不明白。"

智门禅师又说："南地竹兮北地木。"

学僧差点晕倒，只能再次猪颠疯，跑回洞山禅师面前，气喘吁吁地问："为什么佛是麻三斤啊？"

……

这个公案，日后解释的人很多，不少人错会其意。

有人说，洞山当时在称量胡麻，由此及彼，故而答称"麻三斤"；有人说，洞山是要学僧见性成佛，所以故意顾左右而言他。

其实，"麻三斤"本身没有意义，洞山"绕路"回答的目的，就是要截断学僧的分别意识。

学人，如果只从句中觅求，肯定陷入执迷。

与此相类，学人问云门禅师："如何是超佛越祖之谈？"云门回答说是"胡饼"。二个公案，一个意思。

学僧发问的时候，问题本身就漏洞不少，当时已经被"见闻觉知"相隔碍。所以，云门禅师用"胡饼"，洞山禅师用"麻三斤"，都是来填补学人心中的缝隙和漏洞。

如果学人能超越二位大师的答话，不去思量"胡饼"和"麻三斤"，就是找到了禅悟的活路，清淘了"分别"的渣滓，那样的话，就可以超越受佛拘束的见解，也会超越受法拘束的见解。

因此，看似平淡无味的回答，反而彰显了禅宗妙语的轻灵跳脱。

话说回头，再谈谈洞山睹影开悟的事情。

洞山禅师当年离开云岩禅师的时候，下山，途经一条河流。

时值春天水暖，碧波荡漾。洞山忽然看见自己水中的倒影，恍然大悟。他立刻作了一首诗偈：

切忌从他觅，迢迢与我疏。
我今独自往，处处逢到渠。
渠今正是我，我今不是渠。
应须与么会，方始契如如。

渠，古汉语中，是“他”的意思，这里指自身的影子。

偈诗的禅悟就是：自性是佛，我即如来，更不别求！

洞山禅师临水睹影，忽然感悟“我”的宝贵，自性至尊至贵，本来具足，诸佛不能过，千圣也不能移。所以，自家的“宝藏”，自是受用不尽，根本用不着向外去觅求——切忌从他觅，迢迢与我疏——越是外觅，越是苦求，反而离道越远，越得不到。

“我今独自往，处处得逢渠”，我不用刻意追求他（影子），只管独往独来，任运而行，如此，他（影子）肯定时时跟随着我，我也处处可以看到他。我是主，他是从，万物皆备于我，不行而成，不求而至。

“渠今正是我，我今不是渠”，这句是全偈的诗眼！影是形的化身。有什么样的形，一定就有什么样的影。作为本体的“我”，才是根本。外相是完全依附于我并由我决定的，他不可能背离我。我为主，影为宾。“我”不可混同于影，恰似法身不同应身一样。

“应须与么会，方得契如如”，你们要这么去体会，才能与真如吻合！

佛教中的“如如平等”，本来强调的是“理事不二”，却往往忽视每个事物都有本身的自性，矫枉过正者，则认为强调平等了，就不能说差别，更不能论层次（阶级）。洞山禅师打破了这一偏见，指出有主有从，各有自性，这才是真正的如如平等之道。

所以，任运随缘，并不是放任自流。禅者的极端自由，与极端的自律，相辅相成，缺一不可。

理解了洞山禅师的偈诗，再返回头去理解“佛是麻三斤”，别有一番滋味在心头。

制心一处，事无不办！

洞山禅师圆寂前，也作偈一首：

学者恒沙无一悟，过在寻他舌头路。

欲得忘形泯踪迹，努力殷勤空里步。

然后，他剃发澡身，俨然坐化。

僧徒号恸，长久不止。

忽然，洞山大师开双目，对弟子们说：“出家人心不附物，是真修行。劳生惜死，哀悲何益？”

过了七天后，洞山禅师和僧众们一起吃斋后，再次嘱咐道：“僧家无事，大率临行之际，勿须喧动。”

而后，他返回方丈，端然坐化。

大师飞升后，留下的公案“麻三斤”，经过千年，依然被后人揣摩、追思。

23．大嘴巴子也能让你悟

雪窦重显（980—1052），宋代云门宗僧人。这个人学问博大，精于翰墨文章，诗情超迈，灵秀特达。他圆寂后，弟子将他历年来所拈提的禅门故事及诗作整理为《雪窦和尚拈古》一百则、《雪窦和尚颂古》一百则，还有《瀑全集》一卷、《祖英集》二卷。

重显禅师巨著泱泱，功力很深，情景交融，境界高迈，可谓独具机杼，所以在后世广为流传。

重显禅师年轻的时候，在湖北随州的智门光祚禅师门下参禅。他的顿悟，也非常有戏剧性。

一天，重显似有所悟，忽然对师傅智门光祚发问："心中不起一念，为什么还有过错呢？"

正在默坐的智门光祚禅师，忽开法眼，寒光迸现。他没有答话，招手示意重显走近些。

重显走上前，即刻遭到智门光祚禅师抡圆甩出的一个大嘴巴！

这个大嘴巴，让重显莫名其妙。他刚想开口争辩，智门光祚禅师又手扬拂尘，甩打而来。

嗖嗖声中，重显顿悟。

重显该挨打吗？

当然要挨！

他"不起一念"问话的本身，就是一直妄执的心念。

智门光祚打重显的嘴巴，就是用行动来提示重显：禅法妙意，当然不能用概念和语言来表达！

禅悟之妙，正在妙不可言！

开悟后，重显在智门光祚继续深修，达五年之久。而后，他遍游洞山、鼎州、庐山等地，拜参各位著名的禅师。

在池州景德寺作首座时，重显遇到了老朋友曾会。当时，这位翰林学士曾会恰恰被朝廷派在池州当太守。二人终日研讨禅理，非常融洽。不久，重显起身，欲再向南游。曾会说："钱塘灵隐寺，天下胜处。寺中住持珊禅师，是我好友，你可以去他那里当首座。"于是，曾会修书一封，让重显带在身上。

重显迢迢云游，到达杭州灵隐寺，但他根本没有去找珊禅师走后门，反而隐姓埋名，在寺内充当掏大粪的净头。

三年后，曾会到浙西作官，就去灵隐寺找重显。可怪的是，灵隐寺内千余僧众，没有一个知道重显是谁。曾会着急，挨屋察看，最后竟然在净头僧里找到了重显。曾会有些埋怨地说："我三年前写信交给你，你放到哪里去了？"重显摸索袖中，掏出了那封依旧未拆封的信，交回曾会："多谢明公美意，我这个行脚僧，可不是邮差啊。"

二人相视大笑。

重显禅师，臻至禅悟妙境，自然抛弃掉一切外相，荣辱利害，皆不存于心。所以，他当然不会拿出曾会的书信走后门在灵隐寺当首座。

又过三年，曾会到福建明州作官，就请重显转住明州的雪窦山资圣寺，世人就称其为"雪窦重显"。

雪窦禅师常对僧众说："如果大众都能以本来面目相见，我又何必升堂说法呢？"所以，他的教化手段，总以开启学人的自性为务。

宋代禅门，总是习惯用棒喝手段来教化禅僧。对此，雪窦禅师大感缺憾。正好当时的"文字禅"蔚然成风，据此，他编成《雪窦和尚拈古》、《雪窦和尚颂古》各一百则，想促使参禅者从中领悟古德参禅的妙意。

"颂古"与"拈古"，是文字禅的两种形式。"颂古"非常具有文学性，就是以韵文体对公案作赞颂性的解释。特别是《颂古百则》，雪窦禅师选编了一百则公案，每一则公案后，都作一首偈颂发挥禅旨，词藻优美华丽，寓意深长。

雪窦禅师把“颂古”这一形式推向了真正成熟的高峰。他的颂古诗，旁敲侧击，左引旁证，绕路说禅，不仅深受禅宗学人的喜爱，也令文人士大夫流连忘返。

即便如此，在圆寂之前，雪窦禅师留下最后一句话：“平生惟患话语多！”

他是高智的禅悟大德，深知禅宗不立文字的奥妙。但毕竟自己老婆心切，由于太希望天下的人能够觉悟成就，才留下那么多书卷和话语在世。

雪窦禅师的临终遗偈，却也道出他的遗憾：说法者，本来无话可说，本来要破除大众对于文字语言的执著，可自己如此多言多语。

他殷切希望，后来大众不要执着于他留下的语言和文字，能究自性清净之源，得到真正的禅悟。

24．何须待零落　然后始知空

禅宗五家中开宗最晚是“法眼宗”，由清凉文益禅师开创于五代时期。

读者会好奇，为什么叫“法眼宗”而不叫“清凉宗”呢？因为，文益禅师圆寂后，南唐国主赠谥为“大法眼禅师”，故而他开创的宗门就称为“法眼宗”。

文益禅师（885—958），俗姓鲁，余杭（今浙江杭州）人。他七岁出家，在越州（浙江绍头）开元寺受具足戒，同时习儒，多与儒生相往来。

青年时代，他外出参学的时候，途中遇大雪，受阻于漳州罗汉院，遇到了恩师桂琛禅师。

文益初参桂琛的时候，桂琛一眼就看出此人不是凡器，就问：

“请问和尚，你要到哪儿去啊？”

文益：“我行脚参禅去。”

桂琛问：“什么叫行脚啊？”

文益想了想，摇头说：“不知。”

桂琛微笑点头：“不知最亲切！”

转天，道中积雪融化，文益向桂琛禅师辞行。

桂琛指着院内的一块石头，问文益：“参禅为僧，总说‘三界唯心，万法唯识’，这块石头，是在心内呢，还是在心外？”

文益：“在心内。”

桂琛摇头：“你这个行脚僧，装块石头在心内，不觉得很沉重吗？”

文益闻言，大有所悟。他赶紧放下行李，请求桂琛禅师明示。

桂琛语重心长地说：“若论佛法，一切现成。”

文益心中疑山顿摧，当下顿悟。

日后，南唐国主敬佛，就把文益禅师请到金陵的清凉寺，所以后人称其为“清凉文益”。

所谓“一切现成”，就是以心、识为万法之本：

> 三界惟心万法澄，盘环钗钏同一金。
> 映阶碧草自春色，隔叶黄鹂空好音。

文益本人所作的诗偈，就是讲三界都以心为本体。从心的角度看，三界万法，都归于空。恰似盘环钗钏同一金，本体为一。而春日赏听鸟鸣，背后的主宰，依旧是“心”。

“心”，作为万法的主体，随缘而生，眼识缘起色，耳识缘起色，如果没有这种心识的缘起作用，就绝对不能体认万法惟空的本性。当然，文益并非完全否认声色等现象的存在，他主张从空幻的现象本身，去体认那个主体。作为理事圆融的“心”，也就是“真实之理”，从本质上讲，是不可说的。所以，文益的老师桂琛才讲“不知最亲切！”

后来，一旦有学僧问文益“如何是佛家‘等一义’”的时候，他就会说：“我向你说，就变成第二义。”因为，佛法“第一义”，根本不可说，需要参禅者亲证亲悟。别人向你说的，显然是过去时的第二义了。

文益禅师在金陵的时候，一天，他陪同南唐中主李璟在园中共赏牡丹，参禅论道。见牡丹盛开，如梦似幻，为此，文益禅师意味深长，吟出这样一首诗：

拥毳对芳丛，由来趣不同。
发从今日白，花是去年红。
艳冶随朝露，馨香逐晚风。
何须待零落，然后始知空？

“拥毳（cui）对芳丛，由来趣不同。”毳是毳袍，本来指僧服，这里是文益自称。开宗起义，他表示自己作为僧人，春日赏花，所见所感，肯定与世俗之人（包括国主李璟）不一样。颔联，“发从今日白，花是去年红”，比喻兼象征，非常巧妙地把花和人纠缠在一起写，大显禅境的玄奥。“艳冶随朝露，馨香逐晚风。”还是继续铺垫，把百花之王的雍容华贵和袭人香气渲染到最浓艳处。

心随物转。在国主与大臣们黯然魂销、精神恍惚的那一刻，文益禅师陡然结尾：

“何须待零落，然后始知空？”

《金刚经》中讲：“一切有为法，如梦幻泡影，如露亦如电。”一切皆空，别说是牡丹花，大千世界，王侯将相，富贵荣华，概不能免。

大师就是大师。他们能从斑斓的感性世界中，证悟到当体即空的无常之理。在牡丹花盛开的时候，大师丝毫不为色相所染，直透本源，预见到花儿凋谢，即从色相直接进入到“空”的本质。牡丹虽艳，本性为空。无论丽与艳，都是幻影。不要等到花落之后才知道它的空，应该当体就认识牡丹的空。

文益的偈诗，以实喻空，从衰飒之中见出澹然，以现象喻本体，确实妙之又妙。

从当时的实际政治角度看，在“五代十国”中，南唐在开国君主李昪时期还能安静无事，保境安民。中主李璟继位后，自恃国富兵强，常欲开疆拓土，耗伐民力。鹬蚌相争，渔人得利。在后唐与周围小国杀伐的时候，北方的后周皇帝柴世宗勇武绝伦，一直对南唐虎视眈眈。正是在这种历史背景中，文益禅师因机说法，大有诤谏的意思在其中。

文益禅师本着一颗飘渺的出世之心，更能洞察红尘帝王的勃勃欲望之火的炽烈，他一句“何须待零落，然后始知空”，谶言有征，回响万古，显示出他超级清醒的洞察力。

25．大雄山下出猛虎

话说有一日，唐朝的宣宗皇帝赏观瀑布，诗兴大发，于是让身边一个禅师起唱。

这位禅师，气貌奇特，额间隆起一串肉珠，珠圆玉润，音辞朗润，倜傥不羁。他接旨即诵：千岩万壑不辞劳，远看方知出处高。

唐宣宗李忱联唱：溪涧岂能留得住，终归大海作波涛！

二人相视，哈哈大笑。

禅宗大德中，鲜有能与帝王一起吟诗作赋的。而且，这个人，在禅宗历史上的地位还非常显赫，因为，他上有“好爹”，下有“俊儿”。这个人，就是黄檗希运禅师。

说他上有“好爹”，指他有个鼎鼎大名的师傅百丈怀海；说他下有“俊儿”，指他的弟子是临济宗的开创者、更加赫赫有名的临济义玄。

希运禅师（？—855），福建福州人。他年幼时即在洪州高安黄檗山寺出家，所以人黄檗希运。

作为临济禅的先驱，黄檗希运承上启下，蔚然大观。

黄檗禅师年青时，本来赶到南昌要从马祖道一大师学禅。岂料，他到达后，马祖禅师已经圆寂。怅然之余，黄檗禅师登上石门山，在马祖的坟塔前凭吊。

听说马祖的大弟子百丈怀海禅师就在附近一处庵堂内守塔，黄檗禅师便参谒百丈禅师，请求对方向自己传授心法。

百丈禅师想验看他的才识，就问：“巍巍堂堂，从何方来？”

黄檗禅师：“巍巍堂堂，从岭南来。”

百丈禅师：““巍巍堂堂，当为何事？”

黄檗禅师道：“巍巍堂堂，不为别事。”言毕，礼拜。

百丈禅师无语。

若有所思了一会，黄檗禅师接着问：“从上宗乘，如何指示？”

百丈禅师默然不对。

过了好大一会，黄檗禅师对百丈禅师说：“你只是如此沉默不言，以后你的法门就没人承继了。”

听黄檗禅师这样说，百丈禅师忽然大喝：“本来还以为你是个人物，原来也是这般浅见！”

百丈起身，往庵堂后面就走。

黄檗禅师心知肚明，跟随着百丈禅师，小声说：“我特来参拜师傅。”

百丈禅师点头：“既然如此，以后你不要辜负我啊。”

由此，黄檗禅师得以在马祖道一法师的禅院住下。百丈禅师并不给黄檗禅师讲说禅法，却讲了他自己从前在马祖门下为徒的一个故事：

一日，百丈禅师侍立在马祖大师的旁边。马祖拿起绳床边的拂子，高高擎起作势。

百丈禅师问：“即此用，离此用？”

马祖把拂子放回原处。过了一会儿，马祖问百丈禅师：“日后你开口教导学人，用什么方法呢？”

百丈禅师有样学样，也擎起绳床边的拂子。

轮到马祖反问：“即此用，离此用？”

怀海禅师不说话，也将拂子放回原地。

此刻，马祖大师忽然开嗓大喝……

说完这则公案，百丈禅师对包括黄檗在内的徒众说：“佛法皇皇。老僧昔日受马大师一喝，竟然三日耳聋。”

一旁侍立的黄檗禅师一听，不觉吐舌。

见此，百丈禅师就问：“你日后教人，是学习马祖大师的方法吗？”

黄檗禅师：“不然。今日我听您如此说，得知马祖大机之用，但我本人不会效仿马祖。如果我处处模仿他，以后就教不出好弟子好儿孙了！”

百丈禅师闻此语，当众赞叹说：“好！好！见与师齐，减师半德；见过于师，方堪传授。你悟性已经超出老师了！”

黄檗禅师很虚心，依旧日日勤修，在百丈禅师处参究马祖道一的禅法。

一天，见黄檗禅师自外归来，百丈禅师问：“你从哪里来？”

黄檗禅师：“我大雄山下采蘑菇回来。”

百丈禅师问：“见到大虫（老虎）了吗？”

黄檗禅师立刻作大虫吼叫声。百丈禅师陡然而立，拈起斧头，作出要砍斫老虎的样子。黄檗禅师毫不相让，袍袖飞舞，迎面就给了百丈禅师一大巴掌。百丈禅师颔首微笑。他知道，黄檗禅师算是彻悟了。

转天上堂，百丈禅师对僧徒宣布：“大雄山下有一大虫，你们这些人好好留神，我百丈老汉昨天也遭它咬了一口。”

日后，黄檗禅师在洪州驻锡，洪州刺史裴休对他非常景仰，执弟子礼待之，并作诗赞美黄檗禅师：

自从大士传心印，额有圆珠七尺身。挂锡十年牺蜀水，浮杯今日渡漳滨。一千龙象随高步，万里香花结胜因。拟欲事师为弟子，不知将法付何人？

裴休不仅仅是黄檗禅师的粉丝，他还亲自为大师整理了《黄檗山断际禅师传心法要》和《黄檗断际禅师宛陵录》法要。

黄檗禅师和裴休之间，还有一个“黄檗安名”的公案。

一天，裴休派然雕塑了一尊佛像，然后，他携带着佛像，到黄檗处，跪请大师给佛像起名字。

黄檗指着佛像，马上说道：“裴休！”

裴休很诧异，抬头看黄檗禅师。

黄檗禅师说：“我已经给佛像起名了。”

裴休大悟，赶忙礼拜。

如果不懂禅法的人，对于黄檗禅师把佛像命名为“裴休”的举动，会认为是巴结大官的势利之举。

其实，从禅宗理论上看，人人自身都有清净的佛性，裴休当然也有。所以，起名叫“裴休”，自然是让他承担自身佛性的意思。

裴休那诧异的一抬头，显然他心中还有凡圣之分。经过黄檗稍稍点拨，他终于大悟。

早先，黄檗希运虽然对百丈禅师说，他日后不会模仿马祖道一的方法教导学人，其实，他依旧继承了马祖“即心即佛”

的观点，坚持“此心即是佛，佛即是众生”。他认为，一切众生，本来是佛，不用借住修行，只要识取自心，见自本性，根本用不着向外驰求。

值得注意的是，惠能、马祖禅系所讲的“心”，主要不是指抽象的本体之心，而是指人们当下的一念之心。这种革命性的禅悟，就把传统佛教作为抽象本体的“心”，一变为更具体、更现实的“人心”。而黄檗希运言传身教的“即心即佛”的“心”，就是指人们当下的即真即妄的一念之心。

除了“即心即佛”思想以外，黄檗还强调“无心是道”。前者为众生解脱成佛提供了解脱的根据，后者为众生解脱指明了方法和途径：

“无心者，无一切心也。如如之体，内如木石不动不摇，外如虚空不塞不碍。无能所，无方所，无相貌，无得失。”

黄檗禅师的“无心”，就是无执着之心、无分别之心。因为，心、佛，心、法本来一如，只是恰恰因妄念情执，才分出种种差别相来。所以，要当下无心，顿悟成佛，就必须脱离一切言语文字经教。

道在心悟，岂在言说！

黄檗声言：“终日吃饭，未尝咬着一粒米；终日行，未尝踏着一片地。”

正是有了黄檗禅师这么一个自由自在、无拘无束、即世而出世的“老爹”，日后才出现临济义玄那个“俊儿”。

临济义玄那种排斥三藏、毁佛毁祖”、棒喝交驰的峻烈风格，其实正是对黄檗禅师“一切皆空”禅悟最好的发扬光大！

26. 逢着便杀！

什么是禅宗的黄金时代？慧能时代吗？神会时代吗？马祖时代吗？

都不是。

禅宗的黄金时代，是临济宗大盛的时代！

那个时代，“杀”声四起，经久不息。

义玄（？—867），俗姓邢，曹州南华县（今山东东明县）人。他落发受戒后，精研佛典。好男儿志在四方，义玄遍游名山，参学名僧大德。他最早前往参谒的，就是洪州黄檗山（今江西宜丰西北）的希运禅师。

得悟黄檗禅师心法后，义玄返回黄檗山，精研达二十年。唐朝大中八年（854），他到镇州（今正定）临济院，住持普化禅师主动让位与他。

义玄住持临济院后，一直弘扬黄檗宗风，用“四宾主”（通过师徒问答方式来衡量对方悟境）、“四料简”（导引学人悟入的四种方法，即“夺人不夺境”、“夺境不夺人”、“人境俱夺”、“人境俱不夺”）、“四照用”（针对悟境程度不同的参学者各自施教）的宗旨接引禅人。

临济禅风，单刀直入，机锋峻峭，活泼动人。

临济宗的开山祖义玄禅师，常以“棒喝”接引学人，声名远播，日后蔚然大宗。两宋之后，天下丛林，多是临济“儿孙”，几乎成独霸禅门之势。

义玄禅师开悟，也是一个大奇的公案。

初到黄檗禅院，义玄还是一个小心翼翼的学子。他在寺内砍柴烧水干了三年，默默无闻。后来，在首座睦州道明禅师的鼓励下，他鼓起勇气，向住持黄檗希运大师参问。

当时他参问的内容，确实也落入俗套：“如何是祖师西来意？”

结果，问了三次，遭到黄檗大师三顿老拳痛打。

鼻青脸肿之际，义玄禅师一脸倒霉相，走去对禅院首座睦州道明抱怨：“我向大师参问，连遭痛打，显然是我本心愚鲁。我不能在这里呆着了，准备到别的地方去游学。”

睦州道明和尚认为义玄是可造的大才，就去黄檗大师处，说：“义玄这个人，虽然年轻，根器不凡。希望他来辞行的时候，大师您能提诱于他，使他早早能禅悟。”

黄檗点头。

岂料，转天义玄来辞行，黄檗大师并没有对他进行特别的导引，只是让他去瑞州的大愚禅师那里去学习。

见到义玄小和尚风尘仆仆来参学，大愚禅师就问：

“你从什么地方来？”

义玄：“我从黄檗大师那里来。”

大愚禅师："黄檗大师对你有何言教啊？"

义玄很委屈地回答："我向他参问如何是祖师西来意，问了三次，遭到三次痛打，也不知道我犯了什么过错？"

听义玄如此说，大愚禅师有些痛心疾首地说："黄檗这老家伙，真是老婆心切，他已经彻底地为你解除了困惑，你居然还到我这里来问你犯了什么过错！"

仅此一句话，义玄恍然大悟，他失口叹道："佛法精谛，原来也就是这么一点点啊！"

大愚禅师闻言，伸手揪住义玄的衣领，呵斥道："刚才你还说自己愚鲁，现在又说佛法精谛就这么一点点。到底佛法精谛有多少，你赶紧对我说！"

已经开悟的义玄并不答话，伸手在大愚禅师肋间猛筑一拳。

大愚和尚大笑，推开义玄，说："去吧，你应该向黄檗参学，与我无关！"

义玄马上离开瑞州，返回黄檗大师处。

黄檗看他回来，劈头就说："你这家伙，回来得太快了吧。"

义玄回答："只因为我老婆心切。"

然后，他便把自己与大愚禅师对话的经过讲给黄檗大师听。

黄檗莞尔，说："这个大愚，真是多嘴，等老汉我见到他的时候，一定痛打他一顿！"

义玄心快手也快，马上说："等，等，等到何时！现在就打吧！"

说着话，他扬手就拍了黄檗大师一掌。

黄檗大师知道这个徒弟了得，吟吟大笑起来。

临济应声大喝……

从此，义玄在黄檗禅语安心呆了下来。

一次，义玄正在抡锄掘地，看见黄檗大师走过来，就直腰站起来，插锹于地，靠在锹柄上看着老师。

黄檗又想考验义玄的悟性，就说："你这家伙，累了吧。"

义玄："我连锄头都未曾举过，怎么会累。"

黄檗大师举棒就要打，义玄抓住棒的一端，猛力往回一送，就把黄檗大师一个屁股墩，摔倒在地上。

黄檗大师的老身子骨摔得生疼，却也不恼不怒，唤身旁的学问僧扶他起来。

那学问僧很不忿，对黄檗说："师傅，您怎么能容这疯子如此无礼？"

黄檗直起身，听如此说，劈头盖脸就给扶他起身的学问僧一顿乱棒。

此时，义玄若无其事，他一边继续锄地，一边自言自语地大声说："诸方火葬，我这里活埋！"

这一句话，恰似空堂狮子吼！

黄檗连连点头，满意而去。

义玄"活埋"自己的话，就是说，尘世的"我"，已经被"活埋"掉，惟有"真我"自性，才能永存！

义玄开悟前，就是个精通佛教典籍的大师。他彻悟后，却勇敢地扫除一切经论和偶像，发出了这样离经叛道、振聋发聩的怒吼：

“……尔欲得如法见解，但莫受人惑，向里向外，逢着便杀！逢佛杀佛，逢祖杀祖，逢罗汉杀罗汉，逢父母杀父母，逢亲眷杀亲眷。(如此,) 始得解脱，不与物拘，透脱自在。”

义玄的杀，当然不是真杀。佛教中，以不杀为第一戒，所以他的杀，不是真去杀人，何况佛祖已“死”，无从杀起。临济宗的杀，是劝诫学人，扫除对名相的执着，扫除佛、祖、罗汉等一切“圣谛”观念，把挡在禅悟路上的一切东西，都无情抛弃掉！参悟途中，即使是佛祖、父母，无论什么偶像还是权威，只要成为障碍，就要毫不留情地把它们破除掉，这才能得到真正内在的绝对自由。大砍大杀过后，风正帆悬，江河任我行。刺捅劈剁之后，惟心独在，大地真干净。

心不附物，才能有真正的自由。

正如毕加索这样的大师看似胡描乱抹的涂鸦是真艺术一样，临济义玄禅师的离经叛道和破坏偶像，绝非反宗教，反而是最虔诚的宗教精神的体现。他每每扬言要打佛三十大棒，目的恰恰是为了“报答佛祖的深恩厚德”。

义玄禅师所代表的临济宗，还有一个重要的理念：“无位真人”。这个“无位真人”，不生不死，超越时空，就是“真我”。

一次法会，义玄对徒众们说：“在你们的赤肉团里（肉身)，有个无位真人，常从你们的门面前出入。你们中还没有这种体验的人，请闭眼试看看。”

这时，一个学僧傻不拉唧地出来问：“啥是无位真人啊？”

临济立刻跳下禅床，直扑那个学僧，抓住他的袈裟，喝问：“你说！你说！”

学僧正待开口，义玄禅师却一把推开他，说：“这样一个干屎橛，也是无位真人吗？”

言毕，义玄禅师飘然而返。

可见，那个学僧还没有打通凡圣，他心中还把“无位真人”看成是一种奇异的圣贤，完全没有意识到他自身的“真我”所在。此外，大棒以外，义玄禅师的“喝”，名目多多，各有所用：“有时一喝如金刚王宝剑，有时一喝如踞地狮子，有时一喝如探竿影草，有时一喝不作一喝用。”棒喝之法，到了宋代以后，渐成形式。寺庙和尚，逢人就喝，见徒就打。恰似现在不少连美术基本功也没有的人，把胡乱涂鸦当成“超现实主义”一样，大笔涂画布，反正就是要卖钱。

模仿之下，赝品劣品多多。

临济义玄禅师，言行虽然奇特，但大道至朴，他常常引用南泉普愿禅师的“平常心是道”来教导学人：

“佛法无用功处，只是平常无事。着衣吃饭，屙屎送尿，困来即卧。愚人笑我，智乃知焉。”

也就是说，无事即贵人。

奇言异行的显摆，并非真正的禅悟。

自义玄之后，临济宗风遍天下。

为什么能有这样大的影响呢？不在于临济宗的“棒”，也不在于临济宗的“喝”，而是在于由义玄大师的禅风所展现出的那种发人深省、回味悠长的机智和活泼。

临济义玄禅师自己是个大智慧之人，他自己反而强调要作“无事人”、“平常人”。这种境界，又是一种高层次的、不能言传的大悟之境。

27．焰里寻飞雪　水下火烧天

《景德传灯录》中，曾记载这样一个公案：一天，道家“八仙”之一的吕洞宾云游途中，看到一处地方，云蒸霞蔚，光芒万丈。他好奇心顿起，就赶过去，熙攘间，发现黄龙禅师正在对禅众说法。

黄龙禅师看到吕洞宾仙风道骨，相貌不俗，就大声喝问：“来者何人？”

吕洞宾傲然而答：“云水道人！”

黄龙禅师不给吕洞宾思考余地，马上又问：“云尽水枯时何如？”

吕洞宾傻了，答不上来。

黄龙禅师给吕洞宾台阶：“你既答不上来，就问我吧。”

吕洞宾以子之矛，击子之盾，问了同样的问题：“云尽水枯时何如？”

黄龙禅师掀髯大笑：“黄龙出现！”

确实，云尽了，水枯了，我“黄龙”大师肯定就出现了……

不用详究，这则公案，肯定是佛门子弟为夸耀禅门高于道门而编造出来的。

千余年来，佛道一直争风吃醋，文打武斗，互相编故事挤兑、埋汰对方，头破血流。

最后，双方谁牛逼呢？皇帝喜欢谁，谁当时就牛逼！

我们这里，抛开佛道争斗不谈，也不谈五迷三道的吕洞宾，重点谈谈那位黄龙禅师。

义玄禅师创立临济宗以来，发展到唐末五代的时候，后继乏人，宗门法系越来越弱。然而，入宋之后，临济宗门忽然大耀，主要是因为临济宗老树开新花，繁衍出“黄龙”和“杨歧”两个支派。

而黄龙派的开山祖师黄龙慧南禅师，就是本篇我们要讲的主人公。

黄龙慧南禅师最著名的招牌，就是禅门中著名的“黄龙三关”。

黄龙慧南禅师（1002—1068），俗姓章，信州玉山（今江西省玉山县）人。他自幼深沉有大志，19 岁正式落发，随即受具足戒。这个临济宗的禅师，威仪严肃，坐必跏趺，行必直视，多拜名师。他在瑞州新昌黄檗山（在今江西宜丰县）作住持时，就开始用“三关”方法法接引学人。

北宋治平二年（1062），慧南应隆兴府（府治在今江西南昌）太守程师孟等人之请，入主黄龙山黄龙寺（在今江西修水县）。所以，他日后被称为“黄龙慧南”或“黄龙禅师”。

禅宗禅悟的公案多多，黄龙禅师的“三关”公案，相对更为复杂深奥一些。

所谓“三关”即用来导引学人的“生缘”、“佛手”、“驴脚”三个问题：第一个问题，就是黄龙禅师首先问学人为什么出家，籍贯哪里，然后就问：“人人尽有生缘处，哪个是上座生缘？”当机问答之时，如果学僧争锋驰辩，黄龙禅师就会伸出手来问：“我手何似佛手？”经过一番理论，他又会垂腿下床，问：“我脚何似驴脚？”

三十余年间，无论对谁，黄龙禅师只问这三个问题，但天下人几乎没有答对过。为此，禅林之中，对黄龙禅师的这三个问题，就称为“三关”。

黄龙禅师曾经以谜解谜，自作三首偈诗来解释三关：

第一首：

“生缘有语人皆识，水母何曾得离虾。但见日头东畔上，谁人更吃赵州茶。”

第二首：“我手佛手齐举，禅流直下荐取。不动干戈道处，自然超佛越祖。”

第三首："我脚驴脚并行，步步踏着无生。会得云开日见，方知此道纵横。"

第一关的"生缘"，看似平常的探问，黄龙禅师就要把话头分两截，主要想试探学人是否有吃"赵州茶"的本领，也就是他是否有禅悟的慧根。

第二关的"佛手"，黄龙禅师以理设问，验看学人对禅法的感知程度，暗设机锋，剔其法执。

第三关的"驴脚"，黄龙禅师以此来启发学人去完全把握自性，抛弃我执、法执，达向涅槃无生、驰骋自在的自由境界。

"黄龙三关"，看似平常入手，其实步步为营，层层深入，环环相扣，牢机暗扣，关卡险置。

更奇的是，他对学人所答，一向不置可否，只是敛目危坐而已，高深莫测。

故弄玄虚吗？当然不是。黄龙禅师这样解释：

"已过关者，自当掉臂而去，安知有关吏在此？倘若谦卑向关吏探问可否，其人肯定没有禅悟，自然过不了关！"

纵观黄龙禅师一生，真正能过他三关的人，寥寥无几，惟独隆庆闲禅师能跳出窠臼。

一日，黄龙慧南禅师问隆庆闲禅师："人人有个生缘，上座生缘在什么处？"

隆庆闲禅师："早晨吃白粥，至晚又觉饥。"

黄龙禅师："我手何似佛手？"

隆庆闲禅师："月下弄琵琶。"

黄龙禅师："我脚何似驴脚？"

隆庆闲禅师："鹭鸶立雪非同色。"

这个公案，大有深意。

第一句，黄龙慧南禅师问隆庆闲禅师法身慧命因缘这样的大问题。隆庆闲禅师避重就轻，以家常话回答，一下子就会悟见性了。第二问黄龙禅师说："我的手怎么就好像是佛的手一样呢？"隆庆闲禅师也轻轻会过，说黄龙禅师是月下弹琵琶。黄龙禅师第三句把自家的脚比成驴脚，隆庆闲禅师依旧淡然："白色鹭鸶站在白雪上面，看起来好像一个颜色，其实还是不同。"

参悟之中，脑子中的思维转得越快，纠葛就越多，越麻烦，层层加码，最后就越难体悟。在黄龙三关的公案中，隆庆闲禅师尽量避免用直接胶着的语言去落入圈套，以所答非所问去参究，用禅心去观照，看似匪夷所思，其实保持住了定力，终于让黄龙禅师抓不住话柄。

自从黄龙禅师高举"三关"大旗后，天下学人闻风而动，兴奋而来，拖拽而去，最终皆望风而遁，多"死"于黄龙"三关"之下。

黄龙慧南禅师的禅法，对马祖道一大师的"道不借修，但莫污染"理论发扬光大，认为："禅不假学，贵在息心。心息，故心心无虑；无修，故步步道场；无虑，则无三界可出；不修，则无菩提可求。”

只要一念常寂，凡心不动，自然随处作主。

而且，黄龙慧南禅师虽然是临济门风，他对于出家僧众却要求很严，训导弟子们注重息心，专心恒一，勤奋不懈。

禅宗强调的“空”，确实把人性与佛性分明的界限消泯，使得芸芸众生都有了能够成佛的企盼和颠足可及的冀望。穿衣吃饭，拉屎撒尿，砍柴担水，都成为了佛性的自然流露。“平常心是道”的口号，响彻禅林。

但是，细思之下，一旦抹去了佛性与人心之间的天渊之隔，人心很可能无所依附。世俗世界中的僧侣们，很可能都去追求简洁的“顿悟”而放弃了对佛教经典的研习，如此，思想解放，最终会变成放任自流。

在宋代“文字禅”日益蔓延的情况下，不少僧人专事文句雕琢，舍本逐末，误己误人。为此，黄龙禅师痛心疾首：

“……石头、马祖，马驹踏杀天下人；临济、德山，棒喝疾如雷电。后来儿孙不肖，虽举其令而不能行，但呈华丽言句。”

所以，他拉挽时俗，教诫僧众说，学佛法，悟禅门，不在言句本身。追求道外的华丽机锋，最终落得一个结果：寻声逐色转劳神！

熙宁二年（1069）春日的一个夜晚，慧南禅师对弟子们作辞世偈：

“得不得，传不传，归根得旨复何言。忆得首山曾泄漏，新妇骑驴家人牵。”

言毕，溘然长逝。

28．山是山　水是水

禅宗公案，下面这一个特别有名。在这个公案中，禅悟思维那隐秘的、难以言传的、精妙的过程，以及禅宗的迷失论、本心论、开悟论、境界论，等等，都淋漓尽致地显现于中。

青原禅师对大众说：

“老僧三十年前未参禅时，见山是山，见水是水；及至后来，亲见知识，有个入处，见山不是山，见水不是水；而今，得个休歇处，见山只是山，见水只是水。”

观林林总总的禅宗著作，不少人都把这个清原禅师当成了青原行思，即唐朝六祖惠能的弟子。其实，这个清原禅师，乃青原惟信，宋朝人，为六祖慧能往下数第十四世的禅师。

禅机禅意，微妙法门，尽在其间。

如果俗人心中存在“意解识想”和分别知见的凡情妄念，很难真正理解和体证清原惟信禅师的见山见水三段论。

考察一个人的悟境层次，清原惟信的这个公案就是最好的考卷。

未得悟，初得悟，恍然彻悟。这，就是清原见山见水三阶段的真正含义。

开始，见山是山，见水是水。这个时候，山不是水，水不是山。区别判然，有肯定，有否定；第二步，见山不是山，见水不是水。完全否定了区别，但有否定的挂碍；第三段，见山只是山，见水只是水。终于到达了一个更上层次的区别和肯定。

在第一段的时候，人，处于参禅前“我”，属于寻常普通的知见。就是一般的“自我”。

在第二段，由于有了万物皆空的观念，有了一个入处，意识产生了一步飞跃，达到了“无我”。可是，这个阶段，由于存在着意识的否定性，还是不能说全然泯灭了分别意想。

第三个阶段，恍然彻悟，终于找到休歇处，返回了“真我”的本原。那个时候，山只是山，水只是水，“自我”的主观分别性，全然烟消云散。由此，人才能真正明心见性。

只有到达了第三个阶段，才能称上进入人境俱夺、二执破除后的性空境界。

此中有真意，欲辩已忘言！

第一个阶段的素朴之心，属于悟性与知性还没有渗入的原始感知，处于混沌状态，其实还存有受污染的“无明心”在内。所以，见山是山，见水是水。

第二个阶段，有了禅悟的体验，知道否定“自我”情识了，主体的自我和客体的山水都被破除掉。所以，山不是山，水不是水。可是，在这个层次上，容易矫枉过正，堕入顽空。一旦沉溺于否定，有可能又生新的挂碍。

第三个阶段，是否定之否定。就是把断灭虚无的顽空，再否定掉。如此，萧萧肃肃，爽朗清举。完全消除了知见的熏染，又消除了顽空以及与之相关的情识，成为一个“无事人”，当然见山只是山，见水只是水。

此种彻悟的体验，就是超悟的境界。

清原惟信禅师的见水见水“三阶段”，与临济宗导引学人入门的“四料简”联系密切。

临济宗的“四料简”，是指“夺人不夺境”、“夺境不夺人”、“人境俱夺”、“人境俱不夺”四种方法。

这里，临济宗所讲的“人”，就是指哲学概念上的“主观存在”；而“境”，指“客观存在”。“夺”，就是“破除”的意思。

“四料简”，四种方法，目的都是要破除人对于主观和客观两方面的执着和粘滞。

清原禅师的第一阶段，夺人或者夺境；

第二阶段，人境俱夺；

第三阶段，人境俱不夺！

到了“人境俱不夺”的境界，悟者转身而出，明心见性，天朗气清。扬眉瞬目之间，举手投足之际，抖落一身烦恼，跳出色界色尘，无主无宾，无凡无圣，随缘涉世，尽断执着。

我们在对“夺境”、“夺人”等方法的参学中，细细品味，就会对清原惟信禅师的“见水见水”三段论，产生更深刻的体证。

扫荡过后，虚空澄净，心国太平。山水之间，任性逍遥，随缘放旷。

下篇：42 首愉悦的禅诗

1. 诗为禅客添花锦　诗是禅家切玉刀

宋代大诗人黄庭坚曾经作禅诗一首：

渠侬家住白云乡，南北东西路渺茫。
几度欲归归未得，忽闻岩桂送幽香。

诗中的“白云乡”，譬喻着我们人类精神的故乡。

歧路茫茫之际，我们漂泊之心，无所归依。徘徊踌躇间，岩桂幽香，沁人心脾，氤氲飘绕，灵犀乍透。禅悟间，我们被遮蒙的本心明性，顿然显现。

禅，不仅仅藏蕴佛教精神的精髓，也盛开出诗学殿堂的奇葩。

激荡融合之下，禅宗“清静空远”的境界，与中华诗歌中的不确定性意境，一拍即合，交叉扭结，词简意丰，产生了大量圆融文学性、思想性于一体的“禅诗”或“诗禅”。

语言，在禅家看来，本来具有非常大的局限性。诗歌，诗偈，也只能无限地接近宗教圣殿，却永远无法到达真理的核心。

所以，禅宗才强调“不立文字”，诗家才认为“诗无达诂”。

无论什么一种思想，只要传播，就必须有工具。因此，对禅宗来讲，最简约、最传神的工具，无疑就是诗歌了。

禅悟的过程，其实就是在象征、譬喻、暗示的路上曲折行进的过程。无论“不着一字，尽得风流”，还是“不涉理路，不落言诠”，这些，并不是说完全放弃语言，而是要在诗词画意，在浅斟低唱中，保留最大的想象空间。

探寻、思考、愉悦之间，常常会让人灵光一现，登时大悟。

诗与禅，含蓄朦胧，借景生情，非逻辑，非理性。二者互动之时，电光石火间，经验的世界，瞬间转化为心灵的世界。

无论是情感特征、思维方式、语言表现，诗和禅都有着惊人的一致性。

诗，抒情达意；禅，睇视内心。二者，都是人们从反射到心灵的色尘世界里，发现、窥探、审视到的那一种难以言表的灼人秘密。

诗为禅客添花锦，禅是诗家裁玉刀！

由于语言的非逻辑性特点，以及禅、诗的非理性色彩，它们具有的共性的奇妙莫测的灵感，幡动心动的意境，使得二者能够共存共荣。

自两晋南北朝时期起，佛教和诗学俱盛，禅与诗就已经紧密结合在了一起；到了唐朝，禅僧们以禅入诗；及至宋代，诗人们以禅喻诗。

能所俱泯，是禅一直强调的妙悟体验，目的在于打破日常性的二元对立。恰巧，语言文字，又是二元世界的产物。所以，哲学家维特根斯坦这样感慨过：“有些事物无法放入词语中，它们是神秘之物。”

佛教早期的经典，强调“文字是魔事”，告诫信众“般若离文字相”。《杂阿含经》、《百喻经》等原始佛教经典，都认为追求文字容易陷入魔障，因为，绮迷的文辞让人不能专心领略佛法真谛。达摩以后，教禅分离，就从“不离文字”，逐渐发展到大立文字的“文字禅”。

佛教日益中国化之后，《华严经》、《究竟大悲经》等典籍，一改昔日观念，反而认为，虽然文字和其他形式都不能惟妙惟肖地传达佛法的妙用，但开导世人，文字依然是不可或缺的方便法门。由此，“不立文字”，转为“不离文字”。

到了六祖慧能，他强调“入语言而不着语言相”，入空不着空，其实也是变相肯定了文字为入道之阶梯。禅宗，如果脱离了文字，势必不能呈现“实相无相”的“涅槃妙心”，

从唐朝开始，经历了“诗为外事”、“诗禅并举”、“诗禅合一”的三个重要的阶段，僧人们渐趋以诗论禅，以诗说经。北宋初期，临济宗、云门宗禅师大量采用诗歌偈颂的方式开悟示道，诗禅趋向合流。经由苏轼、黄庭坚等文人士大夫的发扬光大，诗歌终成禅证，般若与文字，融会贯通，相济相成。

“禅言难后到诗言，坐石心同立月魂。”

日复一日，年复一年。禅诗文化，蔚然大观！

诗与禅，在本质上共通，它们都关注内心世界，都追求顿悟和灵感，都想对宇宙敞开心扉，都要展现卓尔不群的体验，都在孤独、淡泊的世界里，展现出晴朗天空下那一朵迎风盛开的花儿。

在澄明宁静中，在大彻大悟间，轻灵的诗，活泼的禅，共同呈现出寂寥无边的永恒。

2．身是菩提树　心如明镜台

身是菩提树，心如明镜台。
时时勤拂拭，勿使惹尘埃。

这首诗的作者神秀禅师，北宗禅宗师，是中国历史、中国思想史上遭到涂污最甚的人物之一。

南宗禅坐定佛林第一把交椅后，只要提到神秀禅师，提到他的偈诗，都会成为南宗弟子为凸显六祖慧能以及他那一首看似高神秀一等的禅诗的铺垫。

不仅如此，在南宗弟子逐渐添枝接叶编造的故事中，神秀禅师还日益被描摹成一个逼走慧能、非法夺嫡的大恶人。

在历史的迷雾中，在以讹传讹的话语霸权中，神秀大师，这位中国禅宗北派的一代开创性宗师，变成了篡位冒名的十足卑鄙小人。

果真是这样吗?

当然不是!

笔者在写趣味禅诗的开始之时，上来首先就写神秀的这首偈诗，目的无他，正是要为这位北宗禅的大师平反!

神秀禅师，唐朝陈留尉氏人（今河南尉氏县），他早年博览经史，19岁即在洛阳天宫寺受具足戒。直到五十岁，他才去蕲州黄梅县双峰东山寺（在湖北黄梅县东北三十里），投在弘忍禅师（602—674）门下求学。

弘忍门下，神秀苦学苦修，足足六年。他勤学好问，打柴汲水，孜孜求法。

神秀到弘忍大师身边的时间，是公元656年。662年，他就离开了东山寺。而慧能拜投弘忍大师的时间，是公元672年，距神秀离开东山寺的时间相隔了十年。

可见，神秀和慧能两个人，在历史上根本没有真正见过面，当然就谈不上他们之间比试诗偈、争夺承继弘忍大师衣钵的事情。

弘忍大师圆寂后，神秀到江陵当阳山（今湖北当阳县东南）的玉泉寺弘扬禅法。二十多年的时间内，他吸引了无数信众。

后来，武则天得知他的盛名，在久视元年（700）遣使隆重迎请，把已经九十多岁的神秀禅师请到了东京洛阳，极其礼遇。唐中宗即位后（705），更把神秀大师拜为国师。

神秀一共在洛阳呆了六年，于神龙二年（706）在天宫寺示寂，年过期颐，谥号“大通禅师”。

正是由于百岁人瑞神秀大师的努力，禅宗才成为佛教主流，才算真正进入了最上层社会。

既然神秀和慧能没有见过面，那两首禅诗，真假又如何呢?

神秀是否做过“身是菩提树”这首偈诗，并不重要。但是，这首偈诗，确实代表了禅宗北派的渐修思想，是北宗禅体系的高度浓缩。

在早期禅宗中，佛性的境界，还是处于世人无法企及的缥缈高度。人心到佛性的距离，可望而不可能及。由此，从弘忍到神秀，都一直强调通过逐渐的修行，使得人性得以朝往佛性的方向去趋奔。

到了神秀禅师那里，其实，佛教早期那种苦修的痕迹已经非常模糊了。修行禅定，已经实实在在拉近了佛与人的距离。所以，神秀主张“时时勤拂拭，勿使惹尘埃”，就是强调凝然守心，强调妄念不生，强调坐禅对于证悟的基本功用。

如果研究过禅宗的发展历史，可以发现，神秀的北宗禅，才是达摩思想的禅门正脉。因为，北宗禅一直坚守这样的原则：如果要超越世俗，如果要达到佛的境界，一定要有一个艰难的苦修过程。

与日后的南宗禅一样，神秀也强调心的作用，但他不敢声言“佛心即人心”。在他看来，人心毕竟还不是佛心，需要清扫蒙在上面的尘垢，才能趋于佛心的澄明清澈。所以，神秀的北宗禅，并没有填平佛与人之间不可逾越的鸿沟。如此一来，目的是使得世俗的人心，依旧有所敬畏和附丽。

南宗禅的刹那顿悟，听上去很容易，看上去很美，似乎穿衣吃饭、拉屎撒尿都是佛性，平常心也是佛心的最高层次。但是，仔细想想，一旦俗人在佛陀面前找到了尊严和感觉，那就根本不需要什么戒定慧，也不需要任何的限制了。

流波趋下，一代不如一代，难免会流于无法无天的“狂禅”。

相比之下，神秀的北宗禅，是一种真正的宗教理性主义，它在遥远的彼岸，精心设置一个永恒的理想天国让人追求，以此来让人知善知恶，让人产生敬畏，让人以一生的信念去努力。

同时，北宗禅还超越了早期佛教自残自虐的苦修形式，它从人性的角度出发，在坚守佛教信仰防线的基础上，沟通了老庄与孔孟，以真正的平衡和中庸之道，让人在内心理性自觉的状态下，渐修渐悟，对于人的心灵给予了高度的重视。

特别重要的是，北宗禅一直保持着对佛陀的敬畏，这种超验的境界，保持了严肃的宗教境界。这样，宗教才更能赢得虔信者的真心信仰。所以，观如今的禅门寺庙，其实还是北宗禅的天下。

历史上，即使在最推崇南宗禅的宋儒那里，他们的“安坐瞑目，用力操守，夜以继日”的功夫（陆九渊），其实还是北宗禅的功夫。南宗禅的刹那顿悟看似容易，从实际操作角度，远远不如北宗禅渐修渐悟的拂尘净心那么实在。

神秀与慧能，都把对“心”(清净之心）当作一种真空的追求目标。如果我们把这种“心”当成实在的“佛”去苦苦寻觅，其实也会成为一种“执”。

如果“心”分为“清净之心”与“污染之心”的两半，就又陡生出“分别”的意识。按照这个理路推演下去，南宗禅所谓的“常清净”，就永远不会实现。相比之下，神秀北宗禅的佛性论与渐修观，反而能更加自圆其说。

神秀寂后，他的弟子普寂、义福等人在帝王的支持之下，继续阐扬他的宗风，盛极一时。两京之间，皆宗神秀。

安史之乱爆发后，北宗禅遭受沉重打击。本来势力平平的南宗慧能一系，由其弟子荷泽神会趁机发难，编排故事，扬此抑彼，宣扬达摩宗的正统法嗣是慧能而不是神秀。而且，神会还处处贬低神秀之禅是渐门，不如慧能之顿悟迅捷。

南顿北渐，油然而判。

好人不如好机会。恰恰南宗禅的简单易学，契合了当时佛教徒舍繁趋简的要求，所以，南宗日见其盛。

倒霉的神秀大师，门庭日稀，法脉仅仅传了几代，就断绝不续。

子孙灭绝不说，在中国佛教思想史上，神秀大师还被描黑成为慧能“光辉思想”的对立面。

千余年来，神秀大师一直遭到误解、误读和大批判，至今不休。

惜哉！

3．吾心似秋月　碧潭清皎洁

吾心似秋月，碧潭清皎洁。
无物堪比伦，教我如何说。

谈诗论禅，寒山的这首诗，绝对必不可缺。

寒山，又称“寒山子”，唐代长安人。据考证，此人可能是隋朝皇室后裔杨瓒之子杨温。由于多次投考不第，他愤然出家，三十岁后即隐居于台州始丰（今浙江天台）的寒岩（即寒山），故号“寒山子”。

仁者寿，寒山禅师活了一百多岁。

寒山和拾得一样，都是富于传奇色彩的诗僧。上个世纪五十年代，美国“垮掉的一代”（*The Beat Generation*）运动兴起，太平洋彼岸，忽然卷起一阵寒山热的狂潮，并迅速席卷到欧洲和日本。这位从唐朝以来一直被世人冷落的白话大诗人，终于在死后一千多年后，在白人世界大火了一大把。

寒山为人看似疯癫，其实修养深厚。他的诗斑驳杂陈，似儒非儒，非儒亦儒；似道非道，非道亦道；似僧非僧，非僧亦僧；似俗非俗，非俗亦俗。

寒山诗文中，蕴藏着神秘的禅机哲理，有工语，有率语，有庄语，有谐语。在平淡诙谐中，他的诗歌还具有民歌那种通俗、质朴和生动的特色。

在寒山这首诗中，“心月”，就是指“心珠”，即本心的圆明。“吾心似秋月”，指本心圆融透朗，本性光明磊落，没有任何情尘意垢的污染。

第一句看似平易，其实大有出处。《菩提心论》中曾讲：“照见本心，湛然清净，犹如满月，光遍虚空，无所分别。”所以，常圆之月，就是指人固有的、澄明的本心自性。

秋月照碧潭，自然是不随物动，彻见本心。这种皎洁和澄明，是自上而下的通透和清澈，是无法用语言来形容的一种光吞万象的孤圆。特别要注意的是，寒山在诗中，并不落于死语，他随说随扫，超出了思维的计度。秋霜明月，交相辉映，碧潭人心，澄澈分明。

心月，也就是心珠，如此光明亮丽，起坐相随，尘尽光生。在此之前，本心常游五蕴，情生翳障。彻悟之时，根尘震落，孽缘皆尽。在这种用语言无法表达的高妙意境中，人，终于能识取到自性的宝珠，成为自己的主宰。

寒山大师的这首诗，超越了主客的对立和分别，能所俱泯，给人以叹为观止的禅悟感受。

对于这种高妙的境界，永嘉禅师曾经赞美道：

心是根，法是尘，两种犹如镜上痕。

痕垢尽时光始现，心法双亡性即真！

除了“吾心似秋月”这首诗以外，寒山大师另外一首诗，意境也相类：

碧涧泉水清，寒山月华白。

默知神自明，观空境逾寂。

收摄乱意的禅定之心，跃然纸上。

当然，随着日月的迁递，寒山和拾得这二位伟大诗僧，逐渐被民间“恶搞”和庸俗化。在评书中，他们竟然被描绘成滑稽搞笑的“和合二仙”，喝酒吃肉，佯狂假癫，还几乎成为遁世避世的代名词。

有一段流传很广的对话，据说在寒山和拾得两个人之间发生：

寒山问拾得：“世间有谤我、欺我、辱我、笑我、轻我、贱我，如何处之乎？”

拾得笑言：“只要忍他、让他、避他、由他、耐他、敬他，不要理他，再过几年，你且看他。”

到了后来，拾得和尚明哲保身的答话越来越添枝加叶，成了他高唱“弥勒菩萨”偈语，絮絮叨叨劝说寒山和世人。

由于编排的内容有趣，故而摘录于下：

老拙穿破袄，淡饭腹中饱，补破好遮寒，万事随缘了。

有人骂老拙，老拙只说好，有人打老拙，老拙自睡倒。

有人唾老拙，随他自干了，我也省力气，他也无烦恼。
这样波罗蜜，便是妙中宝，若知这消息，何愁道不了？
人弱心不弱，人贫道不贫，一心要修行，常在道中办。
世人爱荣华，我不争场面。名利总成空，贪心无足厌。
金银积如山，难买无常限。古今多少人，那个活几千。
这个逞英雄，那个做好汉，看看两发白，年年容颜变，
日月像抛梭，光阴如射箭，不久病来侵，低头暗嗟叹，
自想年少时，不把修行办，得病想回头，阎王无转限。
马上放下手，回头未为晚。也不论是非，也不把家办，
也不争人我，也不做好汉，骂着也不觉，问着如哑汉，
打着也不理，推着混身转，也不怕人笑，也不做脸面，
几年儿女债，抛开不再见。好个争名利，转眼荒郊伴。
我看世上人，都是精扯淡。劝君即回头，单把修行干。
做个大丈夫，一刀截两段。跳出红火坑，做个清凉汉。
悟得真常理，日月为邻伴。

好玩归好玩，但这种为人处世、唾面自干的圆滑，哪里能和寒山大师“吾心似秋月”的境界相比论呢！

4. 不是一番寒彻骨　争得梅花扑鼻香

尘劳迥脱事非常，紧把绳头做一场。
不是一番寒彻骨，争得梅花扑鼻香？

这首诗的最后两句，由来传唱已久，一般中国人都耳熟能详，多当作“励志诗”来用。

其实，此诗原本是禅宗大师百丈怀海的弟子黄檗希运禅师所作，乃教导弟子在禅悟时拈提之用。后来，却成了俗世入世拼搏的“口头禅”。

起始的两句诗，对多数人来讲，都很有些难度。

“尘劳迥脱事非常”，尘劳，指的是尘念劳心；迥脱，超脱的意思。“尘劳迥脱”，即要超脱尘世的情尘意想，脱胎换骨，抱着大死一回的决心去修禅悟道。“紧把绳头做一场”，紧紧把握，恰似死死握住牵牛绳头的功夫，努力参悟！

对于禅家来讲，牧牛的意义，就是喻指养心以悟道。如果读过南泉普愿禅师的牧牛颂诗，就能很好理解“紧把绳头做一场”的深刻含义了。

在南泉牧牛的公案中，牧养水牯牛，恰恰是养摄心性的象征。为了彻底摆脱有始以来无明烦恼根性，参悟之人一定需要刻苦的修行。只要人的“心牛”落入见取之草，肯定要拽紧鼻头。

如此，严格自砺，俨如寒梅绽放于雪野，经过一番寒透骨髓的磨炼，觉悟的艳梅，肯定会芳香四溢。

这首诗的最后两句，以梅花作譬喻，无非是劝诫学人不要放松，不要受到欲念的驱使，努力向前，以免落于色界之中。

达到雪野寒梅的境界，剔除了见闻的粘着性，自然就能与万法为侣，超脱世俗的尘劳。

春天温暖，百花齐放，却不能开出冷艳的梅花。惟有冰雪红梅，才显淡雅真红！松柏后凋，腊梅独绽。火中红莲，泥里菩提。立功立名，成佛作祖，必需水沁火煎，霜打雪凌。

这种超越世俗的圆觉妙心，任运随缘，与澄明的心性交相辉映，如同净莲绽放在污淖之中，如同梅花盛开于雪野之上，至善至美，尽得净妙！

5．潇洒剑客悟得禅

三十年来寻剑客，几回落叶又抽枝。

自从一见桃花后，直至如今更不疑。

这首诗，看似是武侠所写，其实是诗僧所作。

作者志勤禅师，唐朝人，乃沩山灵佑大师的弟子。他诗中的所谓“寻剑客”，不是什么大侠，而是比喻修行悟道的明白人。

年年岁岁花相似，岁岁年年人不同。

多少年来，春去秋来，志勤禅师一直在苦苦追觅佛法大意。

寺里桃花，开了又谢，谢了又开。但是，禅师从来没有对眼前的景色有所留心，熟视无睹。

风风雨雨，三十年过去了。

春打六九头。风和日丽的一天，志勤禅师无意中踱到殿庭，桃之夭夭，灼灼其华！碧空如洗，高日在空，耀人眼目的艳丽桃花入得和尚的双眼，他忽然大悟：

空即是色，色即是空！

如此大道，就在眼前。妙有空无，顿时圆融。

三十年来，志勤和尚容色枯悴，精神昏昧，沉溺于妄执寻求的死路上。这位身心疲惫的禅师，在艳丽桃花迎风招展的刹那，终于看透生命的虚幻，顿悟五蕴皆空，四大非有。他愉悦地反思自己多年来南辕北辙的妄执，终于从圣境转身而出，显示出他高人一头的高情远韵。

只有跳出红尘，才能实现真正的超越。

其实，即是真把这首诗当成与剑术相关的诗，也未尝不可。

真正的大侠剑客，在击剑的过程中，如果能达到我剑合一，剑我两忘，无心，忘我，那么，剑客本人的内心就能得到彻底的净化。如此，他“本心”所发挥出巨大的能量，肯定会突破体能的限制和障碍。

这样的话，剑客肉体的潜力无限，当禅悟的境界呈现的时候，生命的真流，源源不绝。寒光剑影中，剑术，就成为至上至美的艺术。

6．借景示法钓金鳞

千尺丝纶直下垂，一波才动万波随。

夜静江寒鱼不食，满船空载月明归。

这首《钓鱼偈》，乃中晚唐时代的诗僧德诚所作。此人一直在华亭（今上海市松江县）隐居，跟随药山惟严禅师学法。由于他常乘小船往来松江朱泾间，踏船舞棹，随缘而度，摆渡百姓，纶钓度日，人称“船子和尚”。

在禅宗历史上，参禅与钓鱼，大有关联。钓趣与禅趣，相映生辉。

“千尺丝纶直下垂，一波才动万波随”，钓者稳坐，居高临下。垂纶入水，波纹扩散。风景人物，生动传神。虽然这两句写“动”，衬托的却是那种万籁俱寂的禅悟氛围，展示出一种佛家禅定的最佳境界。由此，钓境与禅境就臻于合一。

“夜静水寒鱼不食，满船空载月明归。”由于天寒水冷，钓鱼无获。无获之中，钓者却大有所获：月明的空境，意遥旨深。由此，禅宗“四大皆空”的境界，即时显现，涅槃之门，轰然中开！

垂钓求鱼，正似参禅求道。

证悟大道，无所不在；波波不绝，鱼不易得，道不易悟。圆融之时，大道顿悟。

船子和尚的诗，意境深远，全程展现了一个从欲界到禅界的顿悟过程。在如此宁静清虚的境界里，我们得以超越欲望，解脱烦恼，体证菩提。

在满载美丽月色归来的旅途中，我们愉悦满怀；在悠然心会的禅意里，我们的心灵得到顿悟。

据此，宋朝大诗人黄庭坚诗曾写过一首词《诉衷情》：

一波才动万波随，蓑笠一钩丝。锦鳞正在深处，千尺也须垂。吞又吐，信还疑，上钩迟。水寒江静，满目青山，载月明归。

除了这首诗外，船子和尚另外一首七绝也非常有禅意：

> 三十年来坐钓台，钓头往往得黄能。
>
> 金鳞不遇空劳力，收起丝纶归去来。

“黄能（tai）”，指传说中藏于深渊的一种神兽。锦鳞，指鱼，譬喻禅悟的刹那。

水天连碧间，船子和尚常常慨叹：“棹拨清波，金鳞罕遇。”

这位度人渡人的禅师，一生作诗多多，笔者更择其意境深远、富蕴禅意的三首，以飨读者：

> 别人只看采芙蓉，香气长粘绕指风。两岸映，一船红，何曾解染得虚空。
>
> 水色春光处处新，本来不俗不同尘。着气力，用精神，莫作虚生浪死人。
>
> 终日江头理棹间，忽然失济若为还，滩急急，水潺潺，争把浮生作等闲。

好个一念顿悟，足以彻见诸法空性。到达了这种境界，禅者肯定能作到如下：入色界不被色惑，入声界不被声惑，入香界不被香惑，入味界不被味惑，入触界不被触惑，入法界不被法惑。

超越世俗，面对春花秋月，证悟自己的自由之身！

7. 只此浮生一梦中

来时无迹去无踪，去与来时事一同。

何须更问浮生事？只此浮生是梦中。

此诗的作者，名字非常奇怪：鸟巢禅师！

鸟巢禅师，俗姓潘，法名道林，乃道钦禅师的弟子。他九岁出家，二十一岁受戒，修行多年，终成一代名师。由于他行为怪异，栖止树上，与鹊为邻，所以世称“鸟巢禅师”。

在文学史上，这个鸟巢禅师鼎鼎有名。第一，他与大诗人白居易交往多多；第二，名著《西游记》中有他的身影。

提起《西游记》，读者肯定马上有人眼中一亮，心中一沉：咦，我怎么没有看到过这个乌巢禅师的名字？

《西游记》中第十九回，题目是“云栈洞悟空收八戒　浮屠山玄奘受心经”，那一章节就讲到过乌巢禅师这个人。

唐僧在高老庄收了猪八戒后，继续西行，路过一座叫浮屠山的高山。山上有棵大树，树上有一个大鸟巢，里面就住着这位禅师。不过，吴承恩给他起名“乌巢禅师”，鸟不带眼，变成了“乌”。而人物原型，就是乌巢禅师。

在《西游记》小说中，乌巢禅师鼓励唐僧西行，预言了他一路上会遇到孙悟空、沙僧以及许多妖魔鬼怪，并且口授了唐僧270个字的《摩诃般若波罗蜜多心经》。再仔细看，这部《西游记》中一字不落全搬照抄的经文，原文正是“唐僧”玄奘自己翻译的。

回头再说鸟巢禅师的诗。

人，生而何欢？死又何惧？赤裸裸生，赤条条去。所以，“去与来时事一同”。作为彻悟的禅师，鸟巢禅师以空观人念，泯灭死生，生即死，死即生，正所谓四大皆空。

《金刚经》有云：“一切有为法，如梦幻泡影。”也就是说，一切诸法，一切眼见耳闻的物质现象，都如幻如梦，没有实体。如此，浮生是梦，一切法缘，一切景色，一切生命，都为梦幻而不真。

值得注意的是，鸟巢禅师的观点，与悲观主义的诗人所表现的落寞和“世纪末”黑色情绪不同，他的“只此浮生是梦中”，不是消极的意绪，而是澹然的超脱。因为，在佛典中，常以“梦”、“幻”作譬喻，目的是比喻世间一切法，都不是实有的空幻。

所以，禅师们的“世界观”，与常人大异。为此，才有赵州从谂禅师的《鱼鼓颂》：四大由来造化功，有声全贵里头空。莫嫌不与凡夫说，只为宫商调不同。

在禅家眼中，宇宙万有皆由“四大”（地水火风）因缘和合而成，地是硬性，水是湿性，火是暖性，风是动性。一切事物，都离不开这“四大”，缘起则有，缘尽则灭。正因为空性的存在，宇宙万法才得以建立。

凡夫俗子，很难了解缘起性空的真谛。我们常人，拘于凡情知见，总被烦恼障、所知障遮蔽，很难真正看清佛陀开示的诸法实相。

只有仔细体味类似鸟巢禅师这样的禅诗，才能感受如此智慧的甘露，涤荡心中的万丈红尘，洗去心头的无明尘垢。

心中具有如此的禅悟，才能发出如下意清神明的大言：

举手攀南斗，回身倚北辰。
出头天外看，谁是我般人。（五台智通《示寂诗》）

大彻大悟，自在洒脱。宇宙存乎手，万物由乎心。南攀北倚之暇，竟把脑袋伸出了天地之外，一览众境小！如此境界，只昭示了两个大字：自由！

心中自有圆觉妙心，自然可以傲兀宇宙！

大诗人白居易在杭州做太守的时候，仰慕鸟巢禅师的大名，入山求见。

二人见面，白太守劈头就问了一个很俗的问题：“如何是佛法大意？”

鸟巢禅师倨坐在高树上的“鸟窝”中，仅仅回答八个字：“诸恶莫作，众善奉行。”

白居易大嘴一咧，笑言：“三岁孺子也识得这个道理，禅师你回答太简易了。”

鸟巢禅师居高临下：“三岁孺子能懂得，八十岁老翁却做不得！”

好在白居易不是愚人，听罢大有所悟。

鸟巢禅师不再搭理白太守，悠悠掉头，自向青山而卧。

如此心闲至境，很似唐朝另外一位诗僧可止禅师的诗境：

> 空门寂寂淡吾身，溪雨微微洗客尘。
> 卧向白云情未尽，任他黄鸟醉芳春。（《精舍遇雨》）

微雨清溪，自能洗却蒙蔽自性的烦恼尘埃。所谓“客尘”，就是烦恼。因为，那些本非心性固有的东西，都是由迷理而起，故称之为“客”；烦恼能污染人的心性，犹如尘埃染污万物，故称之为“尘”。众生心性，本来清净无染，一无尘垢。而妄境现象纷沓，妄执妄着，使得心生烦恼。

大千世界，林林总总。只要能悟见本来面目，随缘放阔，必能观到至高之上的真如实相！

五代时的怀浚禅师有一首《家在闽山》，也非常独特了反应了这种人生如梦的意趣：

家在闽山东复东，其中岁岁有花红。

而今再到花红处，花在旧时红处红。

花在旧时红，花已非花，红却依旧。旧日之花，譬喻生灭之法。肉身破灭，宛如一场幻梦而已。在生灭的当下，不生不灭的，只有那种本真、恒常的不变之“红”——本心自性。

8．焰里寒冰奇意象

焰里寒冰结，杨花九月飞。

泥牛吼水面，木马逐风嘶。

此诗乃曹洞宗的创始人之一曹山本寂（840—901）所作。作者是泉州莆田（今福建莆田）人，他十九岁入福州云名山出家，二十五岁受具足戒，日后跟随禅宗大师洞山良价学习禅法，终成曹洞宗开始祖师。

曹山禅师的诗，绝思虑，泯分别，看似不符合常理，其实显现了禅宗的真如理体境界。

根据曹洞宗“五位君臣”的禅理，此诗阐述了正偏五位中的“正中来”——即能彻见非染非净、非正非偏、现象界不可能存在的事情，到达法身真如之境。

内外一如的境界中，禅者证悟法身。妙机大彰之时，泥牛何妨叫吼？木马不碍嘶鸣！

时间与空间，是所有现象中最能让人能够直接感知的。禅诗，恰恰能把过去、现在、未来三种时间，回互交融，体现出禅家特殊而奇特的时间圆融境。在这种多维的涵容互摄中，时间的区别和对峙完全消除，现在被回置到了过去，过去又忽然变成了未来。时间的单向流动，被禅师扭转，往往瞬间变成了双向互摄。所以，才有"焰里寒冰结，杨华九月飞"、"三冬阳气盛，六月降霜时"以及"半夜日头明，日午打三更"等等奇特的超悟诗境意象。

曹山禅师的诗，能剿绝思量，包藏时间圆融的至妙禅境。

与此相类，傅大士的偈语也让人眼前一亮：

空手把锄头，步行骑水牛。
人从桥上过，桥流水不流。

这首诗的作者，诗梁朝的傅翕。他是一位非常有修为的禅者，世称"傅大士"、"善慧大士"。

他的这首偈语，其实赞颂自性这个"主人公"，提醒我们认识我们真正的自心，不要错认假相。

"空手把锄头"，即指拿东西的手（即肉体），就等于锄头，是"主人公"指使我们生息。"步行骑水牛"，指我们走路、奔跑，也是"主人公"驱使肉体的结果，等于人骑在水牛上赶牛走路一样。"人从桥上过"，肉身就好比桥，自性就是"主人公”，人的肉体在世上不过住一段时期，等于在桥上走过去。“桥流水不流”，指我们这肉身壳子无法长久，随时变迁。人生在世，生生死死，这“桥”一直在流转，一直在变化。水呢，就是譬喻我们纯洁的自性，是指自我的根本，它是不流动的，不动摇的，所以就无所谓来和去。

这些奇特的意象，乍看上去，矛盾而且对峙。为什么呢，正是由于我们用了俗世区别的逻辑二分法。这种经过思维意识过滤过的逻辑经验，在禅家来讲，已不是纯粹的经验。

禅家认为，真正的“桥”，存在于“桥”的概念之前。当概念干预现量后，桥，只有依赖于非桥，才得以成为桥。所以，禅宗的圆融体验，往往存在于概念化作用之前。要想充分体会禅悟的精髓，就必须跃出逻辑，自由自在。禅宗的般若智慧，总是能把矛盾、对峙的世俗意象，转化为圆融、和谐的直觉意象。

禅悟是一种超越，它超越了一切对立，消解了一切焦虑，脱落了一切黏着的澄明之境。这种一段论的直觉方法，如果用“科学”的二元相对的眼光来看待，一切都变成荒谬和反常识的了。如此，恰似蚊子叮铁牛，何可参透！

禅师们通过奇特的意象，把时间现境化，体证过后，小我融入“大我”，自性融入宇宙，由此，个体生命就与宇宙生命成为一体。在万古长风之中，人类对于时间的焦虑，可以完全得以克服。

红尘滚滚，人世浮沉。宇宙万象，互为缘起，各住自位，千奇百怪。只有体证了圆融之境，才能超越一切对立的生命样态。

由此，高峻与深幽，光明与黑暗，有情与无情，它们在我们眼中纵横交错，珠珠相含，影影相摄。

一旦时间被空间化以后，我们对时间流逝的忧虑，最终会消融于对自然、对空间的纯粹经验中。因为，令人焦虑的时间之流，已经被禅悟奇妙的悟境断然截切！

究其根本，曹洞宗禅诗的圆融境界，有着华严思想的巨大影响。华严宗思想的基础，就是圆融。

圆融妙喻，出自《华严经》奇妙的“帝释天”之网。这个譬喻，取材于印度神话：

天神帝释天宫殿装饰着绚烂华丽的珠网，缀联着无数宝珠。每颗宝珠，都映现出其他珠影，同时交相往复，再映现出别的宝珠内所含摄的无数珠影。珠珠相含，影影相摄，重叠不尽，无穷无尽的法界，光怪陆离。如此，博大圆融的绚丽景观，华丽非凡。

了解了禅宗特殊的生命观，回头再看“焰里寒冰结，杨花九月飞”的奇妙，顿觉它们充满了生机圆趣！

9. 心未有尘何用洗

心本绝尘何用洗，身中无病岂求医。

欲知是佛非身处，明镜高悬未照时。(《上堂偈》)

汉语中，有个洗心革面的成语，比喻彻底悔改。至于出处，《周易·系辞上》有："圣人以此洗心，退藏于密。"《周易·革》："君子豹变，小人革面。"《抱朴子·用刑》："洗心而革面者，必若清波之涤轻尘。"

看来，抱朴子的解说，最为与禅宗接近。

这首禅诗的作者，乃龟山智真禅师。读者们不要望文生义，看见"龟山"，就以为是什么倭人。龟山智真禅师，唐代扬州人氏，俗姓柳。由于他住持福州长溪龟山，所以被称为"龟山智真"。

龟山禅师除了这首玄妙的诗外，在别的诗句和诗偈中，他自己没有多讲"心"。而与白居易同时代的惟宽禅师，却对此似乎更有悟性。

白居易问："身、口、意三心，既无分别，何以修心？"

惟宽禅师："心本无损伤，云何要修理？无论垢与净，一切念勿起。"

白居易："垢，可以拂拭，不可起念；净，能无念可乎？"

惟宽禅师："如人眼睛上，一物不可住。金屑虽珍宝，在眼亦为病。"

白居易："无修无念，又何异凡夫？"

惟宽禅师："凡夫长无明，二乘长执着。远离无明和执着的二病，才是真的修禅。真修者，不得勤，不得妄。勤者近执着，妄即落无明。”

惟宽禅师的解释，恰恰能题解龟山禅师的诗。也就是说，只有泯灭了净垢对立的观念，心地无非、无痴、无乱，力持住自性的戒定慧，此时的觉悟之心，不增不减，会成为能摧毁一切烦恼的锐利无比的金刚心。

所以，慧能大师讲：“何其自性，本自清净！何其自性，不生不灭！何其自性，本自具足！”

我们再回到龟山禅师的诗，就可以发现这样的真理：众生的圆觉妙心，通彻圆融，无有尘垢，哪里有洗与不洗之分别。既然如此，身中无病，也不用求医。

“欲知是佛非身处，明镜高悬未照时”，这两句，禅悟直达而上：

我们内心晶莹的自性，皎皎明月一般，光芒万丈，不增不减，超出时空，永恒存在。

龟山禅师的诗，也是通过对二分法的否定，使人顿然禅悟，契入了诸法空相的澄明之境。

如果仔细参详，就会发现，在龟山禅师平淡的语境中，机锋斗起。涅槃妙心，终日不变而随缘，终日随缘而不变。不疑生，不疑死，不疑佛，不疑祖，连洗心、息心的念头都消除，才能真正体悟至妙的禅境。

心禅到凝然，万事皆一般！

10．一片闲云入户来

心地须教合死灰，藏机泯迹绝梯媒。
芳兰只为因香折，良木多从被直摧。
寒逼花枝红未吐，日融水面绿全开。
支颐独坐经窗下，一片闲云入户来。

此诗的作者，乃五代宋初时著名的永明延寿禅师。

仔细研读他的禅诗，清新俊逸，回味深长。其深远的意境，水平只比大儒高，不比大儒低。

确实，永明禅师本人生活于飘摇乱离的五代季世，看人来人往，朝代兴灭，自然感触多端。

永明延寿禅师（904—975），俗姓王，浙江余杭人。五代吴越王钱镠崇尚佛教，故而延寿禅师幼年即心向佛教。青年时代，他曾为库吏，做过华亭镇将，管理军需。而立之年，吴越王钱元瓘得知他慕道心切，就听其出家。延寿禅师舍弃妻儿，剃度受戒，后参谒韶禅师，成为清凉文益大师再传弟子。五十七岁的时候，他受吴越王钱俶之请，住持杭州灵隐寺，为该寺第一世。次年，受请住持永明寺（即净慈寺），为该寺第二世。

延寿禅师本人，在宗教史上以撰写《宗镜录》闻名。这本禅宗巨著，长达一百卷，有八十多万字之多。

延寿禅师的《山居诗》，首先表达了他斩断名利之心的意愿。禅师心如死灰，不藏一念。纵或有所思，也要藏机灭迹，断绝与外界世俗的交往沟通。兰花被人采摘，因为香气袭人；良木被人砍削，因为材质太直。看来，乱世生存，给禅师也上了人生的大课，很有些明哲保身的意思。

诗的最后四句，意境大开：幽深山坳，寒逼花枝，娇红未吐；寂静池塘，日融水面，新绿全开。良辰美景奈何天，明窗之下，手捧佛经，支颐独坐，心旷神怡。心中旷远，再看闲云一片，飞飘牖户。那种澄明的心境，难以言表！

诗情画意中，禅宗那种收摄一心、明心见性的理念，跃然纸上。

除上述文首所载的一首《山居诗》外，延寿禅师另外三首也淡泊清幽，非常可观：

其一：

幽斋独坐绝参详，兀尔何如驟世忙。
拯济终凭宏愿力，安闲须得守愚方。
柴门半掩花空落，苔径虚踪草自荒。
最好静中无一事，翛然养得道芽长。

其二：

青山一座万缘休，努力应须与古俦。
散诞襟怀因绝趣，消疏活计为无求。

花明小砌和春月，松暗前轩带雨秋。
景象自开还自合，怡然何必更忘忧。

其三：

旷然不被兴亡坠，豁尔难教宠辱惊。
鼓角城遥无伺候，轮蹄路绝免逢迎。
暖眠纸帐茅堂密，稳坐蒲团石面平。
只有此途为上策，更无余事可关情。

表面看上去，似乎是写景摹物。其实，在对无边景色的现量描摹中，浓缩着高僧的禅学感悟。但是，禅悟的心，如波中月影，似镜里花光，不着痕迹，玲珑澄澈，可称是即目即真。这样的诗，纯乎天籁；这样的人，才是真正的“无事之人”；这样的心，才是明珠闪烁的自性之心！

诗僧观览美好的物境，仅仅是观照而已，他心中并无杂念。所以，他才能做到遍地菩提，触目皆美！

11．一道神光万境闲

唐朝的龙山禅师曾作诗偈：

三间茅屋从来住，一道神光万境闲。
莫作是非来辨我，浮世穿凿不相关。

幽幽诗情，画意浓艳！

龙山禅师是潭州人（今湖南湘潭），马祖道一大师的法嗣。由于他一生栖隐深山不出世，人又称之为“隐山禅师”。

一日，曹洞宗的开山祖师洞山良价与一个弟子游山，迷走云山深处，不辨方向。寻路之时，师徒二人忽然看到一片菜叶顺溪流而下，这让洞山禅师很纳闷：

“如此荒凉深山，竟然有青菜叶子逐波随水，莫非上游还住有人家吗？”

于是，洞山二人拔草斩棘，顺着溪畔溯流而上。蜿蜒数里地后，他们忽然看到了一位松鹤身形、相貌奇异的僧人，正闲情逸致，袖手观瞧。

二人大异，赶忙上前合十问讯：“和尚可住在此山？”

“是啊，我住在这里。此山蜿蜒险僻，人鸟绝迹，二位是怎么进得山来的？”和尚也稍感吃惊。

“此山无路，和尚您又怎么入得此山呢？”洞山反问。

“我本来一直就住在此山中，不随云水去，日日浮云来，哪里谈得上出入？”

洞山又问：“和尚住在此山有多少日子了？”

“荒山有鸟啼，岁岁不知春。”

洞山更好奇。“是和尚先住在此呢？还是先有这座山呢？”

和尚摇头：“不知道。”

“为什么您不知道？”洞山紧问。

“天日茫茫，从何而知？”和尚莞尔。

洞山知道此人一定是得道的高僧，就又问：“和尚得到何种禅悟，才隐居此山呢？”

“泥牛入海无消息！”

听到和尚机锋如此锐利奥妙，洞山禅师心中钦佩，只得敛衣而拜。

龙山禅师临别，赠送了洞山禅师一首偈语：

三间茅屋从来住，一道神光万境闲。

莫把是非来辨我，浮生穿凿不相关。

洞山走后，龙山禅师烧掉草庵，退隐人迹罕至更加深邃的幽壑，从此，不复见他人。

龙山禅师的诗偈，超然物外。他完全消泯了是非、善恶、美丑、贵贱等世俗分别，通过绝对的否定，离思辨、泯是非，不思善，不思恶，真正到达了和光同尘的境界。

与此相类，马祖道一的弟子大梅法常，也写过与龙山禅师境界几乎完全相同的诗偈：

一池荷叶衣无尽，数树松花食有余。

刚被世人知住处，又移茅屋入深居。

这种幽居深山的做法，其实，仔细推敲，与马祖大师提出的“平常心是道”，并不矛盾。

禅家大道，既在深山幽境，也在世俗的声色风景之中。

“鹤立松梢月，鱼行水底天。风光都占断，不费一文钱”。

其实，禅宗自从马祖道一以来，一直对离开日用俗情而别求玄妙的倾向保持着批判的态度，而是主张随缘任运，强调学人要把禅道落实于日常生活，要把奥秘深邃的禅宗，化为亲切平易的人生境界。

我们这里列举龙山禅师和大梅禅师的幽居诗偈，其实主要是为了展现平易以外的禅宗诗歌的美学新境界，展现另外的一种新悟境。

真正探索禅宗，无论是临济喝，还是德山棒，都追求圆融的境界。在那种饥餐困眠、秋到风凉的自在自为中，所有的刻意修为，都脱落无痕。人的“本来面目”，如同虚空，不可刻意修作。一旦起了修道之心，就会将道作为修的对象。此时，无为法就变成了有为法，有心就成为妄念。在运水搬柴，吃饭喝茶当中，禅宗随缘任运、率性适意的精神境界，兀然而出。

临济义玄禅师说得更直白：“佛法无用功处，只是平常无事，屙屎送尿，着衣吃饭，困来即眠。”

所以，在领略幽居深山的一种妙境的同时，我们不可离开饥餐困眠而追求禅道的悟境。如果为求而求，刻意追求，与真正的禅悟，无异于南辕北辙。

大音希声，大象无形，至味无味。

但是，如果参禅者自以为有了“平常心”，处处护理，心境也会蒙上闲尘。因为，大慧禅师有过这样的诗偈：

劝君不用苦劳神，唤作平常转不亲。
冷淡全然没滋味，一回举起一回新。

也就是说，不要深山，不要幽居，不要平常心。

如果有了“平常心”的念头，反而会失却平常心！

总之，禅宗活泼的机趣，天然自得，素面朝天。凡是修饰的东西，都是“伪”的矫饰，都不是人的自性和本心。

如果我们能够回到自然，回到本来面目，肯定就会像宋朝的显万禅师吟出这样的诗句：

万松岭上一间屋，老僧半间云半间。
三更云去作行雨，回头方羡老僧闲。(《庵中自题》)

12．雨霁长空净　云收一色真

文悦禅师曾作有三首《山居》，意境深远，词雅语秀：

片片残红随远水，依依烟树带斜阳。
横筇石上谁相问，猿啸一声天外长。

静听凉飙绕涧溪，渐看秋色入冲微。

渔人拨破湘江月，樵父踏开松子归。

垄麦重重覆紫烟，太平时节见丰年。

野云忽散孤峰出，列派横飞落涧泉。

在此，先给读者来个作者的背景链接——云峰文悦禅师(997—1062)，俗姓徐，南昌人。他出家后，在瑞州（今江西高安）大愚守芝禅师（汾阳善昭法嗣）参禅。

参禅数日，大愚禅师似乎没有讲什么大道理，只是埋头穿衣吃饭，几乎不与徒弟们讲禅论法。

一天，大愚禅师在堂上说："大家相聚吃茎齑（jī），若唤作一茎齑，入地狱如箭射。"说完，起身下座。

文悦禅师知道大愚说的是禅偈，但对其中的譬喻和暗示根本不明白。

当天晚上，他悄悄到方丈室，请求大愚禅师开示。

大愚禅师顾左右而言他，让文悦去外面为寺庙乞食。文悦无奈，只得听从。

过了许久，文悦感到火候差不多了，再去大愚处参问。大愚依旧不答，让他外出为寺庙乞炭。

文悦不敢有违，冒着天寒，连日外出乞炭。

数日过去，文悦又去大愚禅师处拜问。

大愚禅师还是不接话茬，反而说："负责接待答疑的堂司缺人，你去那里吧。”

惟惟之余，文悦心中怏怏，不由得暗恨大愚禅师，觉得他有所保留，不肯开示自己。

无聊穷愁，文悦郁闷不已。

一天，他腹内发胀，就蹲在厕所里面方便，使劲提气，奋力放松。发泄之余，呆呆发愣。

突然间，一个挂在木架上盛水的木桶桶箍断裂，大木桶轰然滚落在地上。

当啷一声，使得文悦参悟的念头被打断，反而在刹那间令他大悟。

他欢欣雀跃，到方丈室去拜谢大愚。

大愚禅师似乎已经有所预见，他亲自迎出，笑着对文悦说：“恭喜啊，你大事已毕。”

先前，大愚禅师之所以找各种理由和借口要文悦外出去乞食、乞炭，一方面是要这个徒弟积累福报，另外一方面就是暗示文悦：参禅修行，应该在日常生活中自己亲自去体证，别人无法替代。

无可奈何作苦力的间隙，文悦在人号如厕的时候被落桶所惊，能所俱夺，意识产生了飞跃，恍然开悟。

当然，文悦禅师的慧根大，障碍薄，换了别人，大桶落地一声巨响，有可能吓出毛病来。这种开悟，和看见桃花悟道、听见石头击打竹子开悟的公案一样，都是因缘所成。

该来的，一定会来。

理解了文悦禅师本人的一些背景资料，再看这三首诗就更加容易领悟。

第一首，描写的是禅者春憩图。暮春时节，落英缤纷。烟笼青翠，宁静温馨，确是胜景桃源。这种境界，譬喻禅者的精神家园和心灵故乡。如此孤芳自赏，高情远韵，天然素朴。

第二首，乃渔樵晚归图。初秋乍凉，千山叶落，层林尽染，渔人樵父，垂丝弄斧已毕，当下无事，正在踏往归家稳坐的途中。这种境界，表达了禅众机心全泯的闲适任运。

第三首，乃是农家丰年图。地气温润，垄麦重重，紫烟盖覆，野云迸散。这样的大好丰年，飞泉溅玉，人们喧闹欢腾。但是，无论喧噪与恬静，对禅者都毫无影响。这，喻示着参悟者澄明的心境和自性。

在文悦禅师的诗中，妄念全歇，本真顿显，心地澄净，不落纤尘。这种至高至妙的境界，就是“无事是贵人”的境界。

真正的禅学感悟，得来不易。但是，一旦顿悟，立刻会自性圆满，与佛无别。

风花雪月中，我们会发现，一切都不需造作，本来现成。

饥餐困眠，日用是道。有求皆苦，歇即无事。

当然，这种“无事是贵人”，目的是歇阻外向驰求之心，并不意味着让人沉溺于一潭死水的断灭空。无心之境，也并不是枯木死水的顽空。所以，才有文悦禅师《原居》所表达的更深一层的意境：

挂锡西原上，玄徒苦问津。千峰消积雪，万木自回春。

谷暖泉声远，林幽鸟语新。翻思遗只履，深笑洛阳人。

初春，暖雪、春水、万木、百鸟、花谷、丛林。暄腾之中，文悦禅师甚至连禅的意念都剔除净尽，从而得到了真正的禅。

总之，我们在欣赏禅师诗歌的时候，既可以将它作为纯粹的写景诗欣赏，也可以从中品味出深邃的禅意。只有仔细沉吟叹赏，我们才能真正读懂诗人其中浓缩的禅学感悟。

特别可称的是，禅师的禅诗，不着痕迹，波中月影，似镜光花。如果真正懂得，必然会有心地澄明的彻悟。

其实，真正的大彻大悟，是那种“关门即深山”的境界。无论清凉万仞山，还是红尘纵横街，都可以出世、入世任我游。

法演禅师有诗偈：

白云相送出山来，满眼红尘拨不开。

莫谓城中无好事，一尘一刹一楼台。

万丈红尘，在真正的悟者心中，也是菩提道场！怕初学者不懂，法演禅师进而解释道：

但得心闲到处闲，拘城乡与溪山。

是非名利浑如梦，正眼观时一瞬间。

也就是说，慧根短浅的人，除境而心不忘；慧根深厚的人，忘心而境不除。如此，圣凡如一，天人合一，身在现象界，又端然凝然，不为生灭法所染。这，才是真正禅悟的至境。

13. 禅思何妨在玉琴

禅思何妨在玉琴，真僧不见听时心。

秋堂境寂夜方半，云去苍梧湘水深。

《听琴》的作者，大名鼎鼎，乃唐朝诗人刘禹锡。

刘禹锡（772—842），字梦得，晚年自号庐山人。彭城（今江苏徐州）人，自称汉朝皇裔，其实是西晋末期匈奴刘氏一支的后代。

这首《听琴》诗，表达了诗人对佛理禅意的独特理解和体悟。

禅思，指禅心，就是寂定清净的心；玉琴，指用美玉装饰的琴。真僧呢，指有造诣的精妙禅师。

情景交融下，诗人名虽听琴，实际是悟禅。在有声、无声之间，诗人解空而离相，体证了禅宗的大理。

诗、酒、琴，为中国古代文人的“三友”。所谓“声音之道可与禅通”，琴诗之乐，尤其是士大夫的高级精神享受。由于古琴与文人密切相关，古代诗人的诗中，就存有大量描写欣赏古琴的篇章。在这些诗篇中，诗人们通过琴与禅、琴与声、音与意等等，体现出禅宗无我、性空、顿悟等禅髓。

在浓郁的禅意中，诗人们明心见性。

唐朝诗人在琴诗中，总是潇洒地开发自性，以求悟得自己本来面目。他们想在欣赏中去掉心灵的执著，自觉到本来自己具有的佛性。

琴声悠扬中，参禅之人自可穷玄极妙，达到独脱自在的境界：

晚年惟好静，万事不关心。
自顾无长策，空知返旧林。
松风吹解带，山月照弹琴。
君问穷通理，渔歌入浦深。

——王维《酬张少府》

江上调玉琴，一弦清一心。
泠泠七弦遍，万木澄幽阴。
能使江月白，又令江水深。
始知梧桐枝，可以徽黄金。

——常建《江上琴兴》

蜀僧抱绿绮，西下峨眉峰。

为我一挥手，如听万壑松。
客心洗流水，馀响入霜钟。
不觉碧山暮，秋云暗几重。
——李白《听蜀僧濬弹琴》

谢家门馆似山林，碧石青苔满树阴。
乳鹊眄巢花巷静，鸣鸠鼓翼竹园深。
桔槔转水兼通药，方丈留僧共听琴。
独有野人箕踞惯，过君始得一长吟。
——李端《题元注林园》

孤桐秘虚鸣，朴素传幽真。
仿佛弦指外，遂见初古人。
意远风雪苦，时来江山春。
高宴未终曲，谁能辨经纶。
——王昌龄《琴》

扣舷不能寐，皓露清衣襟。
弥伤孤舟夜，远结万里心。
幽兴惜瑶草，素怀寄鸣琴。
三奏月初上，寂寥寒江深。
——杨衡《旅次江亭》

禅宗，视有为无，视生为灭。这种对无声无形和不生不减的理解，恰恰与音乐能达于一实。

琴声也是一样，真实即虚无，“谐无声之乐，以自得为和”。在音乐欣赏之中，诗人们最终会体悟到禅髓大道。

琴声，恰如《楞言经》所言：

声无既无灭，声有亦非生。生灭两圆离，是则常真实！

14．铁衣着尽换禅衣

四十年前马上飞，功名藏尽拥禅衣。
石榴园下擒生处，独自闲行独自归。

三陷思明三突围，铁衣抛尽衲禅衣。
天津桥上无人识，闲凭栏干望落晖。

《智度师二首》，是与白居易齐名的唐朝大才子元稹所作。

元稹，（779—831），字微之，河南（今河南洛阳）人。此人一生浮沉，唐德宗贞元中，他明经及第。唐宪宗元和初，授左拾遗，升为监察御史。后得罪宦官，贬江陵士曹参军。唐穆宗时，迁中书舍人、翰林学士，曾做过三个月宰相。在当时，元稹与白居易倡导“新乐府运动”，世称“元白”。

元稹所认识的并在诗中加以渲染的智度禅师，似乎在历史上没有什么名气。但是，这位禅师奇特的人生经历，却让人思味不绝。

从诗中可以想见，四十年前，这位禅师曾是一位叱咤风云的大将军，曾与安史之乱中的叛军浴血奋战。“三陷思明三突围”一句，更是神来之笔，把当时大英雄的勇敢无畏表现得淋漓尽致。

“独自闲行独自归”、“闲凭栏干望落晖”，两个“闲”字，最终把得道禅师老年的禅悦之境一展无遗——血与火，刀与剑，寒光照铁衣的战斗，都消泯于无形，只余下禅悟的恬淡和宁静的大自在！

诗人妙笔生花，寥寥数语，把智度师往昔的勇敢描写得酣畅淋漓。而后，笔锋一转，“天津桥上无人识”，看似孤独凄凉、消极无聊，其实是红尘脱身，自得其乐。这种描摹，把诗中人物的感情变化，通过一种姿势，在瞬间的时空中造像般予以定格，使得我们追思回味不已。

浮华世间得忘我，旷达洒脱任我游！

元稹的这首禅诗，后世还弄出一场笔墨“官司”。

宋代的文人陶縠，在他的《五代乱离记》一书中称：黄巢败后为僧，附依于从前的下属张全义于洛阳，并在寺内绘像自题诗：

记得当年草上飞，铁衣著尽著僧衣。

天津桥上无人识，独倚栏干看落晖。

也就是说，陶穀认为黄巢失败后没有被杀，自髡为僧得脱，并在寺内题诗言志。

再后来，以讹传讹，宋人王仲言在《挥麈录》中也把此事再加以渲染。

其实，这两个文人看来显然都没有读过元稹的《智度师二首》。特别是陶穀，他根据传言，把元稹原诗篡易割裂，合二为一，最终差点造成一桩历史悬案。

15．茶烟轻扬落花风

觥船一棹百分空，十载青春不负公。
今日鬓丝禅榻畔，茶烟轻飏落花风。

这首杜牧的禅诗，前两句写往昔漫游酣饮的豪兴，后两句写今日参禅品茶的悠闲。

从诗句的字面上看，看似出语平淡，实则对比鲜明，隐隐约约，显示出诗人对于逝水华年所透露出的无尽的惋惜之情。诗中没有说寂寞，没有讲辛酸，却在看似轻松的禅悟中，无意中泄露了诗人政治上不得意的沉重痛苦。

杜牧为人，平生以英豪自诩，留心当世之务，论政谈兵，卓有见地。时兮命兮，他却一直被朝廷投闲置散，始终未能施展自己的政治抱负，只能听任大好年华在漫游与酣饮中白白流逝。

仔细观察，诗中“茶烟”与“觥船”相应，“落花”与“青春”呼应，恰恰说明了“一生襟抱未曾开”的诗人，其时已经步入衰老之境。鬓染霜丝之余，不仅施展抱负无从说起，可能就连酣饮漫游也不复可能。寂寥之中，杜牧只有靠参禅品茗来消磨剩余的岁月。

饮酒茗茶，看似洒脱的禅悟，却有这么多无奈与悲苦。

与此相类，杜牧还有一首《题扬州禅智寺》的“禅诗”：

雨过一蝉噪，飘萧松桂秋。
青苔满阶砌，白鸟故迟留。
暮霭生深树，斜阳下小楼。
谁知竹西路，歌吹是扬州。

“雨过一蝉噪，飘萧松桂秋。”“蝉”、“秋”二字，显然是秋日时分。秋风起处，摇曳的松枝、桂树也露出了萧瑟秋意。“蝉噪”，反衬出禅智寺的寂静，静中见闹，闹中见静，最终还是为了凸显秋雨秋风中禅智寺的冷寂。

“青苔满阶砌，白鸟故迟留。”台阶长满青苔，行人罕至，寺内白鸟徘徊，暗示寺院的空寂人稀。如此景致，没有愉悦的禅悟，反而是凄冷和孤单。

“暮霭生深树，斜阳下小楼。”在浓荫暮霭的幽暗中，深树幽幽。“斜阳下小楼”，暗中见明，一抹斜阳余晖，却反衬得寺庙格外的暗和冷入骨的静。

最后两句，诗人别开生面：“谁知竹西路，歌吹是扬州。”以歌舞喧闹、市井繁华的扬州来作衬托，更显出禅智寺中诗人“斯人独憔悴”的伤感。

杜牧的禅诗，凄凉静美，但也蕴含着任运随缘、日用是道的美感特质。在他的笔下，虽然不能彻底摆脱情感的胶着，却往往具有禅意的精髓。

潇洒文士的禅思，有时候自信无求，有时候雄猛奔放，有时候澄明空灵，有时候艳情寓禅，有时候境像玲珑。细细品味，具有奇特的感悟和潇洒的体证因素。

触目菩提，水月相忘，杜牧诗中丰赡饱满的盎然禅意，正蕴于那种种幽幽的、难以言表的美感之中。恰似青春的爱情，让人刻骨铭心，无法忘怀。

16．春光明媚梅花尼

尽日寻春不见春，芒鞋踏破岭头云。
归来笑拈梅花嗅，春在枝头已十分。

这首诗的作者，是一位悟道的尼姑。至于她所处的年代，有说是唐末，又有说是宋初，至今没有定论。尼姑的真实姓名，也无人得知。甚至，我们今人连她的法号，都无从知晓。

福兮祸兮，这位尼姑，只是因为这首诗，她就拥有了一个非常美丽的名字——梅花尼！

从诗歌表面看，好像是首风景诗。其实，此诗乃禅门的悟道诗。

战乱年代，梅花尼南北东西，辗转艰辛，芒鞋踏破，四海托钵。数十年间，她参谒无数禅师智者，就是想得到至妙的禅悟。结果，一无所获。

为什么呢，因为她本末倒置，舍己求人，忘记了清纯的自性和内心。心包太虚，涵括宇宙。世界大，我们的自性内心更大！

行行重行行。怅然归来，她偶然拈起一枝梅花，嗅闻之下，馨香入脑。

刹那之间，梅花尼顿然彻悟。

原来，道不远人，就在身边。任运随缘，无处不是道，无处不是禅！

刹那禅机的触发，竟然发自一枝梅花！

动人春色哪需多！

只要除去执着，只要归于自性，禅悟的美妙时刻，就会顿然出现。

踏破铁鞋无觅处，得来全不费功夫！

禅宗诗歌中，描述这种把漫长修行历程简单化的，还有

《颂古》中一首《庵颜颂》。

这首颂古诗，歌颂了阿难看到祝融峰顶万年松悟道的事情：

东西南北捉虚空，海角天涯信不通。

力尽神疲无处觅，万年松在祝融峰。

顿悟成佛，直达本心！

漫长而艰苦的悟道旅程，得到瞬间的顿悟，那种欣喜和快乐，即使我们凡人，也能通过这些诗偈得到身临其境的真切体会。

明朝的莲池大师，曾作有一首诗偈，描写赵州和尚七老八十还四处游走寻道的事情。

此诗诗意，与梅花尼和以上的颂古诗正好相反。这可以让我们从另外一个方面，去理解涅槃之门和大解脱之路。

赵州八十犹行脚，只为心头未悄然。

及至归来无一事，始知空费草鞋钱。

大彻大悟如赵州从谂禅师，耋耆之年，也有迷惑的时候。一瓶一钵垂垂老，千山千水得得来，他费尽心思，四处游走，参悟佛法妙谛。颠沛流离过后，赵州禅师终于知道，一切的一切，都“本来现成”。

在能所俱泯中，禅悟的光闪，正在那梅花绽放的刹那！

17. 弥勒大肚诗也禅

手把青秧插满田，低头便见水中天。

心地清净方为道，退步原来是向前。

这首诗，在没有纯粹宗教信仰的人的心目中，总把它当作是一首具有阴柔人生艺术的励志诗。其实，在我们国人的世故哲学中，以退为进，目的就是秋后算帐。

追根逐本，找寻作者，我们却发现，此诗原本是禅师作的一首悟道诗。

诗的作者，乃契此禅师。对于这个名字，大家肯定非常陌生。如果说“布袋和尚”、“弥勒佛”，肯定不少人就会恍然大悟了。啊，是他啊！

契此和尚，五代后梁人。流离战乱年代，他的幼年更非常不幸。洪水袭过，家破人亡。时年七岁的契此，浮在一块薄冰上，才捡得一命，后被农人发现救下收养。

早年，契此在岳林寺出家。兵荒马乱时代，他常以杖荷一破布袋，四出行走乞食。那时的他，出语无定，随处寝卧，肮脏遍体，形如疯癫。特别引人注目的是，契此和尚还不忌口，鱼肉荤素，照吃不误。凡有剩饭剩菜，他都倒入背后的大袋子里。如此乞丐行僧，时人以讹传讹，后人演义，他就成为了

“布袋和尚”。

据说，契此酒足饭饱之余，曾作有一偈：

我有一布袋，虚空无挂碍。展开遍十方，入时观自在。

这还不算神奇，他圆寂的时候，提笔留下遗偈：

弥勒真弥勒，化身千百亿。时时示时人，时人自不识。

根据这个遗偈，人们讹讹相传，进一步把这位吃了满肚子垃圾饭食的契此和尚当成了“弥勒佛”的化身，并按照他的模样，塑成了大肚弥勒佛，供奉在各地庙宇中的天王殿中。

如今的中国寺庙，无论你到哪里，开门迎接你的，肯定是契此和尚这张袒胸露怀的大笑脸。塑像旁，还总挂有这么极具中国特色的楹联：

“大肚能容，容天下难容之事；慈颜常笑，笑世间可笑之人。”

当然，宗教史上真正的弥勒佛，根本不是这么回事。由于本书不是细讲宗教，故而略过不表。

回头再谈契此和尚的悟道诗。

禅师手中的“稻”，其实就是“道”，即浩荡的佛理。而倒映水中的青天，喻示人本心的纯净和澄明。

“退步原来是向前”，即要求学禅者要谦卑，要有勇于回头的勇气和气魄，虚怀若谷，能低头，能弯腰，去真正地认识世界。

我们人类，在原始的童年时代，天人合一，与我们所在的世界浑然一体。而后，随着分别意识的冒升，日益追名逐利，心染垢尘，以至于无论是精神还是肉体，都疲惫不堪。

所以，只有看得破，放得下，能舍得，能后退，抛离妄念，最终，才有可能得到般若智慧！

18．看取莲花净　方知不染心

山头禅室挂僧衣，窗外无人水鸟飞。

黄昏半在下山路，却听泉声恋翠微。

这首《过融上人兰若》，作者是唐朝诗人孟浩然（698—740）。

禅趣、情趣，融于一诗。

诗中的“融上人”，指当时的高僧融公禅师。“上人”，自南朝后泛用于对和尚的尊称。兰若，即“阿兰若”，梵语“佛寺”的音译。

诗人去拜访融公禅师，主人不在，只见僧衣闲挂，窗外无人，溪鸟轻飞，闲适、飘逸至境，顿然而出。

后两句，写诗人自己访友不遇，兴起而来，兴尽而归。黄昏时分徜徉于山间路上，青翠满目，泉水叮咚，山山水水，充满了盎然的禅意。

我们知道，孟浩然一生没有作官，与禅僧们往来密切。除了融公以外，和他经常诗歌唱酬的诗僧，还有“空上人”、“皎上人”、“湛法师”等人。

至于写禅的诗，孟浩然还有《题终南翠微寺空上人房》、《登总持寺浮图》、《宿业师山房期丁大不至》、《题大禹寺义公禅房》、《陪姚使君题惠上人房》、《登龙兴寺阁》等，总共大概有二十余首。

孟浩然常在禅寺僧房栖宿，和禅师们谈禅论道，其诗风也深受禅风熏染。所以，他的诗作，往往充满了“淡远”的情趣：“北涧流恒满，浮舟触处通。沿洄自有趣，何必五湖中。”“移舟泊烟渚，日暮客愁新。野旷天低树，江清月近人。”“何如石岩趣，自入户庭间。苔间春泉满，萝轩夜月闲。”“夕阳度西岭，群壑倏已暝。松月生夜凉，风泉满清听。”“约竿垂北涧，樵唱入南轩，书取幽栖事，将寻静者论。”……。

把盏细读，真个是：

夕阳连雨足，空翠落庭阴。
看取莲花净，方知不染心。（《题义公禅房》）

19. 山河天眼里　世界法身中

不知香积寺，数里入云峰。
古木无人径，深山何处钟。
泉声咽危石，日色冷青松。

薄暮空潭曲，安禅制毒龙。

谈禅论道，这首诗肯定会言及。

王维（701—761），字摩诘，官至尚书右丞，原籍祁（今山西祁县），后迁至蒲州（今山西永济）。此人虽为儒家士大夫，一直崇信佛教。中年以后，由于在安史之乱的时候曾经被迫“从贼”做官，王维政治失意，晚年居于蓝田辋川别墅。

王摩诘不仅能诗，而且擅画，但今天他已经没有画作真迹传世。苏轼曾对他予以高度赞赏：“味摩诘之诗，诗中有画；观摩诘之画，画中有诗。”

王维的字，“摩诘”，显然是因笃佛而取，源自于佛教的人物——维摩诘居士。据《维摩经》记载，维摩诘是古印度昆耶城一位大乘居士，生活时代大约与释迦牟尼同时。由于他富于辩才，善于应机教化，这个人物备受崇佛之人的尊崇。

王维晚年的诗，禅趣盎然，以至于后人称之为“诗佛”。

王维的这首《香积寺》诗，看似写景，实则写心，非常好懂。只是“潭曲”、“毒龙”稍稍难解些。

“潭曲”，佛经中指毒龙蛰居的宅窟；“毒龙”，此诗里譬喻人脑中的杂念和妄念。

香积寺的故址，在现在陕西长安县的南边。诗人信步而来，闲适四顾，见白云缭绕，古木参天。寂寂钟声，流泉幽咽，日光照在幽深的松林上，生出淡淡寒意。如此静谧的环境下，当暮色降临，豁然禅悟，各种喧腾的欲望，一时均被降服。

王维的晚年，洗尽繁华，生活清简，家中只有茶铛、药臼、经案、绳床而已，几乎就是过着僧人的生活。

王维的诗歌，能把佛学义理和自然景观交叉融和，浑然一体，已经臻至圆融无碍的境界。由于他长年修佛安禅，一般文人那种为作山水诗而强作禅悟的形迹，已经消泯入于圆融。

诗情画意，禅趣佛旨，在王维笔下，都是自然的流露，已经进入一种由圣入凡的境界：

> 明月松间照，清泉石上流。(《山居秋暝》)
> 行到水穷处，坐看云起时。(《终南别业》)
> 白云回望合，青霭入看无。(《终南山》)
> 独坐幽篁里，弹琴复长啸。(《竹里馆》)

空即是色，色即是空；空空色色，色色空空。

从王维的诗歌中，我们可以看出如下禅宗境界：借物观性，任运随缘，无念无欲。

禅意佛思中，诗人超然物外，心地澄明，高洁的情怀和对理想境界的追求，跃然纸上。

20．金粟如来是后身

> 青莲居士谪仙人，酒肆藏名三十春。

湖州司马何须问，金粟如来是后身。

这首诗的题目，《答湖州迦叶司马问白是何人》，李白作。

李白，仙风道骨，一生中两度受箓为道士，号为谪仙人。在京都长安失意后，他流连山水，遍游名山大川，名气愈来愈大。

为此，他称誉日隆，道风飘飘。诗人们纷纷作诗赞美：昔年有狂客，号尔谪仙人（杜甫）；谪仙游梁园，爱子在邹鲁望（魏万）；天外常求太白老，金陵捉得酒仙人（崔成甫），等等。

好道慕仙的李白，怎么又会自称“金粟如来是后身”呢？

其实，李白早年好道，中年以后，他却与佛、禅结下了不解之缘。

“谪仙人”在他四十二岁的时候，获得道士吴筠和玉真公主的推荐，被召入京城，获唐玄宗“亲切接见”。很快，由于恃才傲物，仅仅三年不到，他就被皇帝“赐金放归”。由此，李诗人的仕途就画上了句号。

饱受打击下，李白求仙学道、采药炼丹的热情受挫，对笃信大半生的道家开始怀疑：“海客谈瀛洲，烟涛微茫信难求。”（《梦游天姥吟留别》）“仙人殊恍惚，未若醉中真。”（《拟古》其三）“惟见碧水流，曾无黄石公。”（《经下邳圯桥怀张子房》）……

羽化飞升的梦破碎后，李白忽然觉得佛法博大精深，很快就沉迷其间。

我们再回到文首的诗歌。

乍看诗中的“青莲居士”，可能不少人以为李白首先表明自己的慕道思想。其实，清朝的学者王琦已说得十分清楚：“青莲花出西竺（印度），梵语谓之‘优钵罗花’”。

青莲花清净香洁，不染纤尘，所以李白以此花自号。

莲花，在佛典中，是佛法的象征。据说，佛诞生时就“步步生莲花”；佛菩萨说法，身坐莲台；西方极乐世界有七宝莲池；《华严经》中有莲花藏世界……古印度，人们把莲花分为青、黄、赤、白四种，青莲被称为“优钵罗”(梵语 *Utpala*)，在四种莲花居于首位。此外，佛教典故中还常以“青莲”喻佛眼。不难见出，李白的“青莲居士”，实际取材与佛典，与道教无涉。

至于此诗题目中的“湖州迦叶司马”，有些学者一直以为指西域天竺人迦叶在当时于地方做官的后代（唐朝贞观年间有太常卿迦叶济），实则多心。迦叶，乃佛陀大弟子。李白所指“迦叶司马”，不过是喻指一位信佛的司马。

李白自称“金粟如来”后身，更是与佛禅完全有关系——金粟如来，就是指维摩居士。这位大士在过去世已成佛，得号“金粟如来”。(王维也自号“维摩诘”，李白和他在“天上”有得一争)。

进入摄纳万有、圆融无碍的禅悟精神领域后，诗人李白大悟真空妙有，深谙缘起性空，对于禅师们那种怡乐于山水之间、追求内心觉悟的无拘无碍生活方式，大为艳羡。而且，禅家的生活作风，与他一贯崇尚的老庄哲学那种崇尚自然、清静无为、反璞归真的精神，大有相通之处，这自然使得李诗人找到了新的精神寄托。李白禅悟诗的创作灵感也因此犹如泉涌：

花将色不染，水与心俱闲。一坐度小劫，观空天地间。(《闻族侄评事黯游昌禅师山池二首》)

澄虑观此身，因得通寂照。郎悟前后际，始知金仙妙。(《与元丹丘方城寺谈玄作》)

我寻青莲宇，独往谢城阙。霜清东林钟，水白虎溪月。天香生虚空，天月鸣不歇。冥坐寂不动，大千入毫发。湛然冥真心，旷劫断出没。(《庐山东林寺夜怀》)

作为抒情主体的诗人，孤芳自赏中，其高情远韵，尽悉传出。

李白笔致天然，毫无刻凿之痕。在宁静温馨、清纯洁雅的意境中，一词一句，无不显现出诗人澄心内视、静观自心的禅悦源头。

天地间，清莲宇，都是诗人的精神家园和心灵故乡！

21．浮天沧海远

上国随缘住，来途若梦行。浮天沧海远，去世法舟轻。
水月通禅观，鱼龙听梵声。惟怜一灯影，万里眼中明。

这首诗，是唐朝才子钱起所作的《送僧归日本》(又名《赠日本僧》)。

钱起(710？—782？)，字仲文，吴兴（今浙江湖州）人。他于天宝十载(751)得中进士，与郎士元、司室曙、李益等人合称“大历十才子”。

钱起擅长五律、七绝，诗作含蓄清丽，饶有韵味，有《钱仲文集》传世。

安史之乱后，钱起任蓝田县尉，一直与退隐辋川的王维相唱和。

此诗中，钱起的禅意十足，他所使用的“随缘”、“法舟”、“禅寂”、“水月”、“梵声”等词语，都是佛禅术语，非常贴切表达了送僧人远行的诗眼。

在前两句中，诗人不提送归之意，渐渐深入，到三、四句时才暗示归途邈远。而后四句，也不明写送归，反而着墨于海上景物，境界大宽。

“上国随缘住，来途若梦行。”这里的“上国”，是指中华；“浮天沧海远，去世法舟轻。”浮天，指舟船浮于天际。法舟，喻指僧人所乘的船。

“水月通禅寂，鱼龙听梵声。”诗人绘声绘色：清澈空明的月亮，也通晓清寂澄静的禅理。而海中的鱼龙，也会出来倾听僧人诵经的佛音。水月，佛教用语，比喻一切像水中月那样虚幻。

“惟怜一灯影，万里眼中明。”最可爱，是那船头一盏佛灯，纵然是万里之遥，它也光照人心，让人眼前璀璨光明。灯，此处是双关语，是以舟灯喻禅灯。

在中日文化交流中，隋唐，一直到宋元明，对日本的影响，都非常巨大。隋唐文化影响了日本奈良和平安文化，宋元明文化影响了镰仓、室町乃至江户时期的文化。特别是在宋元明文化输入日本的过程中，中日禅僧起到了不可替代的媒介和桥梁作用。到了宋代，日本来华僧人众多，带回了禅宗，回国发扬光大。

钱起的禅诗，笔者认为，写得最好的当属《同王錥起居程浩郎中韩翃舍人题安国寺用上人院》：

> 慧眼沙门真远公，经行宴坐有儒风。
> 香缘不绝簪裾会，禅想宁妨藻思通。
> 曙后炉烟生不灭，晴来阶色并归空。
> 狂夫入室无馀事，唯与天花一笑同。

安国寺故址在今天的西安。“用上人”，指当时名僧藏用大师。

在此诗中，钱起把藏用禅师比拟为东晋的高僧慧远，夸赞他儒释兼修，能寂然入禅。由于禅师的高名远扬，使得诗人这几个来访禅的“狂夫”悠然神往，在谒见之时，他们得听大师论道，仿佛聆听佛祖讲经一样，脑海中诸色天花乱坠。

钱起的诗，理致清赡，诗格新奇。特别是他写景的诗，清空闲雅、流丽纤秀。

笔者还非常喜欢他的一首《归雁》诗：

潇湘何事等闲回，水碧沙明两岸苔。
二十五弦弹夜月，不胜清怨却飞来。

静景动态，夜色乐声，诗人动静相宜。对于禅修的人来讲，如果被恬静所影响，即溺于断灭空；如果被喧闹所扰乱，即粘于躁动境。

诗人的心灵，高妙澄明。了了感知之下，于物于景，毫不粘着。这种禅悟的诗歌，在描写寂境时，却没有丝毫“一潭死水”的枯寂，反而流漾着波光潋滟的无限活泼生机。

幽幽禅意，不尽而来！

22．诗思禅心共竹闲

诗思禅心共竹闲，任他流水向人间。
手持如意高窗里，斜日沿江千万山。

这首《题道虔上人竹房》，作者乃唐朝诗人李嘉佑。

李嘉佑，赵州人，天宝七年（748）进士及第。他的诗，写得非常好；人，运气非常不好，屡受贬挫。

李嘉佑时有佳句，常常被人摘抄，比如他的五言诗“水田飞白鹭，夏木啭黄鹂”，巧夺天工，后来被王维在句头加上“漠漠”和“阴阴”，就剽窃走了。如今，读者只知道王维的狗尾续貂（或者是狗顶毛续貂），没人知道李嘉佑的原创的“本来面目”。

文章起始引用的禅诗，风格婉约秀丽，非常容易读懂。只不过，应该扫盲的是，其中的“如意”，大有来头。

如意，我们今天看得太多了，无论是在展现元朝、清朝的电视剧中，还是亲自到故宫参观珍宝馆，这曲里拐弯、镶金嵌宝的东西到处都是。

其实，如意，原本不是中国原有的东西，它自古印度传来，梵语音译名为“阿那律”。在最早的时候，和尚讲经做课，把如意（当时如意的质地有木头、竹子、象牙，等等）拿在手中，上面记着要讲的内容，以备遗忘。后来，特别是传入中土后，如意日益演变，丧失了实用性，成为象征吉祥的陈设玩物。

李嘉佑此诗最后两句，“手持如意高窗里，斜日沿江千万山”，把一个随缘安恬、心无旁骛僧人的潇洒风度和寂寂禅心，表达得淋漓尽致。

诗中有景，诗中有情，诗中有人，诗中有禅。

如此禅风流动的佳作，李嘉佑还有一首《寄王舍人竹楼》：

傲吏身闲笑五侯，西江取竹起高楼。

南风不用蒲葵扇，纱帽闲眠对水鸥。

这首诗中，傲吏其实就是诗人的自称。简单的四句诗歌，把简傲清闲的小官员清逸洒脱的心态，描摹得活灵活现。

不过，笔者最喜欢的一首诗，是他的《同皇甫侍御题荐福寺一公房》：

虚室独焚香，林空静磬长。闲窥数竿竹，老在一绳床。

啜茗翻真偈，然灯继夕阳。人归远相送，步履出回廊。

这首诗，意境深远，回味悠长，禅心独到。

空幻静寂中，诗人禅心恰似磐石，无边的宁静，消除了妄念，犹如野云崩散。一种疏野、恬淡的气息，氤氲满纸，使读者感受到繁华刊落见本真的意趣。天机一片，不受纤尘。恬淡祥和之境，油然而生。

23. 一轮明月到窗前

因僧问我西来意，我话居山七八年。

草履只栽三个耳，麻衣曾补两番肩。

东庵每见西庵雪，下涧长流上涧泉。

半夜白云消散后，一轮明月到床前。

这首《山居颂》，乃宋初云门宗禅僧灵澄所作。他是南岳怀让第八世法嗣，住洪洲酹潭。其为人洒脱不羁，时人称之为“散圣”。

此诗，开门见山，由于有学禅人问作者“何为祖师西来意”，灵澄禅师因此娓娓自道。“居山七八年”，“草履三个耳”，“麻衣曾补肩”，看似寻常话头，其实是以此淡然之句剿绝学人的妄念，大讲“平常心是道”！

何为祖师西来意？其实就在眼前！

穿衣吃饭，拉屎撒尿，从东庵到西庵，涧水潺潺之间，不造作，无是非，任运天真，随其自然，这就是祖师西来意！

“半夜白云消散后，一轮明月到窗前”，诗句中的“白云”，譬喻杂想妄念，而“明月”，譬喻自性清净。

倘若参透妄尘，诸翳尽去，人的本性清净，圆融顿现，恰似明月一轮，当窗朗照！

与此相类，比灵澄禅师稍前的太原孚上座的禅诗更意境悠长：

忆着当年未悟时，一声号角一声悲。

如今枕上无闲梦，大小梅花一样香。

这位“石头系”禅师，诗中所表达的文学意境，更能触动我们的心弦。

诗中，太原孚上座先是说他自己未悟道时的状态，“一声号角一声悲”。为什么呢，正是因为人生迷昧苦短，转瞬即逝。所以，执迷之中，作者一念想起，当然会悲从中来。其实，这还包含这样的一层意思：“此心未明，如丧考妣；此心更明，更如丧考妣。”处在参禅的第一层和第二层，都未为到家，都还没有真正参透生命的本源，所以才可悲、可叹、可怜。

“如今枕上无闲梦”，这个境界，是开悟后的境界，行住坐卧，皆自然随缘，也就再没有闲愁恶梦包缠。“大小梅花一样香”，看似平淡平常，其实蕴意深刻。《华严经》表示，若有菩萨安住于一切众生，一切法、一切刹、一切深心、一切善根、一切菩萨、一切愿、一切波罗蜜、一切行、一切佛等十种平等，可得一切诸佛之无上平等法。

“大小梅花一样香”，就是指十方世界共享此“香”！

由此，在澄明灵韵的大自然中，我们万虑皆忘，机心顿失，才能真正忘情于虚空自在的禅境里，恰似秋月澄江，心无纤尘，于染于净、于圣于凡，俱无所得。

此种禅境，才是真僧大德追求的妙境。

人，行于径路窄处，留一步与人；诗，作在浓艳处，减三分滋味与文。

佛禅的淡泊、宁静，往往能让人在花繁柳密处拨得开，能让人在风狂雨急时立得定。

真正的禅意盎然，在于走出喧嚣，脱离宠辱，如此，清净自在，窗前明月，分外皎洁！

24．居士弹指华年过

> 东郊魏仲先，生计只随缘。任懒自扫地，更贫谁怨天。
> 有名闲富贵，无事小神仙。不觉流光速，自将半百年。

这首《抒怀》诗，乃宋朝诗人魏野（960—1019）所作。

魏野，字仲先，号草堂居士，原为蜀地人，后居住陕州（今河南省三门峡市郊上官村）。此人在陕州东郊自筑草堂，终日以弹琴赋诗，是个真正的名士隐者。

魏野的诗，风格似贾岛，苦心求工，但比后者平朴闲远，没有艰涩苦瘦之弊。

魏野虽然号称“居士”，实际上属于宋朝特有的那种“处士”类型，即“梅妻鹤子”林和靖一类的隐士，与东坡居士的“居士”类型有很大不同。

佛教典籍中，由于维摩诘、庞居士这样的“居士”形象，使得早期中国那些在家信佛的人往往自称居士。

“居士”一词，早已有之，在古代中国典籍中，它原来指士大夫的品位。佛教入中国后，随着典籍经书的翻译，梵文中的“迦罗越”、“优婆塞”就被格义成“居士”。

追根溯源，古印度的“居士”，在种姓制度中属于“吠舍”，即处于婆罗门、刹帝利之下的第三等级。最早的佛教典籍，言及“居士”，都是指古印度人。东晋开始，才有人称那些信奉佛教的隐士为“居士”。到了宋代，“居士”开始蔚然大观，各种居士（或者“道人”）层出不穷，官僚型的、隐士型的、文人型的，五花八门，似乎文人们把此称呼当成时髦，各个人都号称“居士”。就连大英雄韩世忠，晚年自号“清凉居士”，女才子李清照，也自号“易安居士”……魏野呢，是个隐士型的居士，究其一生，他其实对于佛禅兴趣不是很大，更接近道教多一些。

大中祥符四年（1011），宋真宗封祀汾阴东归，路过陕州的时候，他得知大隐士魏野隐居于此，立刻派官员让魏野面驾。当时，魏野悠闲自得，正教仙鹤跳舞。得知皇帝要召见自己，魏野马上在屋壁题诗：

达人轻禄位，居处傍林泉。洗砚鱼吞墨，烹茶鹤避烟。

闲唯歌圣代，老不恨流年。静想相寻者，还应我最偏。

写毕，魏野逾墙而去。

悻悻之余，宋真宗只得命令手下的画匠把所见到的魏野草堂绘成画图，常常临图静观，以抒清幽之怀。

魏野的诗中，最有禅意的，要属《寻隐者不遇》：

寻真误入蓬莱岛，香风不动松花老。

采芝何处未归来？白云遍地无人扫。

此诗尽显幽寂之趣，意境开阔澹远，清逸中有飘然的禅风，与唐朝大诗人贾岛的同题诗有异曲同工之妙：

“松下问童子，言师采药去。只在此山中，云深不知处。”

宋代佛教，在理论上远远不如南北朝时期和隋唐时代。但更加世俗化的佛教却完全进入了文人士大夫的日常生活中，形成了独特的“士大夫佛学”。

在宋人眼中，佛禅与其说是宗教，不如说是哲学或者艺术。也恰恰是在宋代，佛教脱胎换骨，完全被中国化、禅宗化了。尤其是文风大盛的北宋时期，魏晋时代的“名士”类型文人，都变成了士大夫津津乐道的“居士”。

值得注意的是，宋代文人的佛禅，充满了理性主义和人本主义思想，其本质上有着极其浓厚的儒学色彩。

所以，宋朝的禅宗再兴盛，它也没有能成为意识形态类型的宗教狂热。

25．禅心不为窈窕摇

多谢尊前窈窕娘，好将幽梦恼襄王。
禅心已作沾泥絮，不逐东风上下狂。

尊前，就是樽前；窈窕娘，身材妙丽的美女。关汉卿在《裴度还带》中曾有“雾鬓云鬟窈窕娘，绣球打中状元郎”之句；娘，乃古代美丽女子的代称。

这首《子瞻令官伎娉娉乞诗席中口占》的作者，乃北宋禅师道潜（本名昙潜，苏轼为他改为“道潜”）。他俗姓何，字参寥，于潜（今属浙江临安）人。

大文豪苏轼在杭州当太守时，与道潜禅师结为莫逆。日后，苏轼遭贬谪，道潜也受牵连，被迫还俗，谪居兖州（今山东省内）。崇宁末年，道潜归老于江湖，被皇帝赐号“妙总大师”。

交代一下这首诗的背景：

苏轼在徐州时，道潜从杭州特地去拜访他。酒席上，酒酣耳热，苏轼乃性情中人，想跟道潜和尚开开玩笑，就从满席红妆中，选叫一个美貌歌妓去向他讨诗。

道潜端坐，当时就口占此诗作为回复。

禅者之心，对于世间的五欲六尘，自然能做到寂静不动。“江郎才尽”典故的主人公江淹曾在《吴中礼石佛诗》中说：“禅心暮不杂，寂行好无私。”唐朝的栖白禅师也作诗：“至今寂寞禅心在，任起桃花柳絮风。”（《寄西山景禅师》）

道潜自称自心是“沾泥絮”，譬喻本心恰如沾黏在泥上的柳絮，当然不会随意飘飞，显示出他自己已经能做到心如古井水，不复波动。

柳絮在天，如人浮于世；絮堕沾泥，恰如人已经出世。

所谓“不逐春风上下狂”，是讲道潜自己的禅心已经达到静寂的程度，不会再作轻狂之态。

面对诱惑，心静如止水，任它春风上下狂。

当然，道潜也是豁达人。此诗的前两句，他是劝说美丽的歌妓，让她把心思放到那位苏学士身上，好似神女对襄王那样。然后，他才讲到自己，展示了不会随起妄念的境界。由此，道潜禅师明明白白告诉苏东坡，作为禅师，自己已经尽知了生灭无常。

这位禅师，文学修养非常高，他的一首《江上秋夜》，风韵独特，境界高致：

> 雨暗苍江晚未晴，井梧翻叶动秋声。
> 楼头夜半风吹断，月在浮云浅处明。

先写无明妄见遮蔽心灵，如同雨暗苍江。最后峰回路转，指经过修行后，顿悟禅意，如明月当空，明心见性。

即使不作禅诗看，这首诗的高雅意境，也让人低首细思不已。

26. 闲学维摩坐禅定

> 县斋东面是禅斋，公退何妨引鹤来。
> 长爱座中如洞府，却惭衣上有尘埃。
> 竹声冷撼秋窗雨，山影青笼晓院苔。
> 最忆去年飞雪里，煮茶煨栗夜深回。

此诗，名为《武平寺留题》，作者是宋初名家王禹偁。

王禹偁（954—1001）字元之，济州巨野（今属山东）人。此人神童出身，九岁能文，于宋太宗太平兴国八年（983）中进士。他在朝之时，敢于直言讽谏，屡受贬谪。

王禹偁是北宋诗文革新运动的先驱。他的诗，风格平易流畅，简雅古淡。他特别推崇杜甫和白居易："本与乐天为后进，敢期子美是前身。"

宋朝的文人，多流传谁是谁"后身"之说，与王禹偁"敢期子美是前身"的说法相类。这种观念，其实也是源于佛教的灵魂转世说。比如，梅尧臣推举诗人郭祥正是"李白后身"；苏东坡被时人目为"五祖法演后身"；徐铉自称"东方朔后身"……

仔细研读《武平寺留题》，可以发现，诗中没有特别浓郁的参禅拜佛的味道，只是洋溢着一种淡淡的禅悦。整首诗中，言辞中涉佛不多，意兴寥寥，而那种发自内心的安详淡雅的意思，却不绝如缕。

与其说作者参禅礼佛，不如说作者是在学坐禅定以养道心。这种淡淡的禅心和禅意，在宋初的文人士大夫当中尤其常见。而且，入宋之后，随着道学的发展，道禅互相影响，儒释道之间严格的界限几乎全泯。

宋儒在法门传嗣、教学方式、修养功夫等方面，与禅家的衣钵相递、接引理路、禅定默坐非常近似，甚至道学家口中的专有名词“主人翁”，也原汁原味地取自佛教（本指“自性”）。

在宋代，宋儒的理性主义到达了古代中国的一个高峰阶段。佛教进入到宋代，对于外在神灵的信仰和膜拜日益弱化，佛教“天堂”、“地狱”的吸引、恐吓逐渐为道德自律的心灵修养所替代。在这样一种理性主义的影响下，文人士大夫对于个体生命意义的追求尤其显得与以往不同。

所以，王禹偁的“禅诗”，虽然有禅悦，却不沉湎于禅悦。公退闲暇，诗人于禅斋独坐，静悟尘世因缘。静寂之中，禅宗真如的意境和情趣，一一缓释，体现出那种独特的幽远深邃、宁静空灵的禅定境界。

后半阙的四句，竹声、山影、秋雨等等看似凄苦的意境，却由于作者自己心向佛境，心寓禅趣，宛转带出幽幽的禅意情怀，让人随之进入无尽禅意的绝妙清境。

在清幽冷僻的孤芳自赏中，“最忆去年飞雪里，煮茶煨栗夜深回”，一下子让诗歌的色彩欢快起来，沉重的压力顿时得以释放，滚滚红尘安然静落，凋敝的现实忽然被蒙罩上由温暖禅意而带来的温情脉脉的心灵慰藉。

在对雨雪霏霏的追忆中，生命得以完美的诠释，这种崭新的生活方式和表达方式，让人心旷神怡。

空灵玄妙、多变多幻的禅机禅趣，使得宋代诗人得以创作出更为新奇、瑰丽的意象和意境，从而使得作品增添了更为丰富的灵魂表现。

典雅的语言，清幽的诗风，淡远的禅意，空灵的意境，精练的语言，构成了这首禅诗独特的风格和审美意象。

王禹偁晚年所作的《赠朗上人》一诗，禅意明显浓厚：

净邠霜髭展旧真，自疑容貌是前身。
僧中独守三千戒，诗里闲销七十春。
僻寺藓深人少到，故山云好梦归频。
禅斋近日谁还往，祗有西垣放逐臣。

如此，诗人的凡心得以收摄，而涅槃彼岸的目标，似乎近在眼前。在这种貌似自怨自艾的语境中，其实蕴含着虚融淡泊，粘连着去留无染，喻示着滞碍全除。

内在超越的心性，任运随缘的禅悟，皆表露无遗。

27. 八风吹不动　端坐紫金莲

苏轼在江北瓜洲做官的时候，与江南金山寺隔江相望。寺里的住持，乃当时著名的佛印禅师。平素里，苏轼特别喜欢与这位大师谈禅论道。

苏大文豪感觉好，自认为什么都行，悟性天下第一。于是，一天，苏轼趁着酒兴，濡笔挥毫，写下一首禅悟诗：

稽首天中天，毫光照大千。

八风吹不动，端坐紫金莲。

说句实话，这首诗境界不低。

佛教的“八风”，是指利、衰、苦、乐、称、讥、毁、誉。人生在世，只要喘气，确实离不开这八种烦恼。“称”，别人当面的称颂；“讥”，别人对自己当面的讥讽；“毁”，别人对自己背后的毁谤；“誉”，他人对自己背后的赞誉；“利”，自身获得的利益；“衰”，自身遭受损害；“苦”，自己遭逢的痛苦；“乐”，平时所获的快乐。

可以发现，前四项与名相联，后四种与利相关。这八种境界，成为人生名利、得失、盛衰成败的总和。

苏东坡号称自己已经悟道，达到了宠辱不惊、端坐禅云的境界。左看右看，苏东坡得意得不行，就派从人带着他这份墨宝，过江去让佛印禅师赏鉴。

佛印禅师反应特别快，提起毛笔，飞快地在信签后面写了两个大字。然后，他封缄起来，交与苏东坡的从人带回去。

苏轼得意忘形之际，也想不到，佛印禅师能与自己如此心心相印，这么快就把赏誉的回信送回，连草稿都不打。想到此处，苏东坡非常高兴。

岂料，苏学士打开信笺，翻看自己所作诗文背后佛印的批示，赫然发现两个大字：狗屁！

东坡居士看到这两个字的评语，勃然大怒。他嗷的一声蹿起，命从人备船，直奔金山寺而来，兴师问罪。

他气冲冲冲进佛堂，看到佛印禅师正端坐啜茗。

见东坡怒容满面，佛印禅师莞尔一笑，对他说道：

“大慈悲的居士，你号称‘八风吹不动’，现在却‘一屁打过江’啊！”

“狗屁”的批语，让苏轼愤然过江。所以，佛印禅师讥笑他是被“狗屁”击恼，狗急跳墙，人急过江。

苏轼闻言，知道自己着了佛印禅师的道儿，悻悻然而去。

佛印禅师（1032—1098），乃北宋名僧。他是江西浮梁人，俗姓林，法号了元。这个人是个神童，三岁能背诵《论语》，五岁就可以背诵诗歌三千首，青少年时代精通儒学五经。后来，他心慕佛法，十九岁入庐山开先寺出家，成为一代名师。宋神宗钦仰他的德风，亲赐给他珍贵的袈裟，赠号“佛印禅师”。

佛印一直号称“道冠儒履佛袈裟，和会三家作一家”，所以，他与文人士大夫往来密切，苏轼、苏辙、黄庭坚等大诗人，都是他的座上客。这些心心相印的大家们，诗句酬酢，禅言往来，称为一时佳话。

日后好事者，编了不少苏东坡和佛印之间的故事，真真假假，很是有趣。

事实上，佛印禅师作为方外之人，非常了解苏东坡。二人惺惺相惜，很喜欢和对方讲掏心窝子的话。佛印知道东坡官场失意，常常写信劝导他：“时人忌子瞻作宰相耳！三十年功名富贵，过眼成空。何不猛与一刀两断！”又谆谆相劝：“子瞻胸中有万卷书，笔下无一点尘。为何于自己性命便不知下落？”佛印禅师的苦口婆心，就是不能为苏轼解粘去缚——后者太自恃聪明，最终反被聪明所误！

苏东坡本人，佛学禅宗的修养确实很高，从他著名的庐山两首诗作中，就可以看出端倪：

其一：横看成岭侧成峰，远近高低各不同。
不识庐山真面目，只缘身在此山中。
其二：庐山烟雨浙江潮，未到千般恨难消。
到得还来无别事，庐山烟雨浙江潮。

第一首诗，千百年来，我们常人都以为是风景诗，其实是禅悟的偈诗。此诗无非是说明：只有超越了分别与偏执，才能真正回归自性。其中蕴含的典故，被清原惟信禅师大大加以发挥，即见水见山三段论。

第二首诗，首句和尾句一模一样，但与鲁迅先生的“两颗枣树”的平俗全然不同。苏轼的这首诗，表现出修行前后所达到的不同境界，也就是从一心执著于外物，递进到彻悟后的不染尘缘。庐山烟雨浙江潮中，前后风景相同，心境殊异，由此，诗人忽然而悟。

后世流传的佛印禅师与苏东坡斗机锋的故事中，似乎总是佛印占上风。

第一个故事。一次，苏东坡撒酒疯，就要骑坐在佛印禅师的身上。他叱喝和尚趴下让自己坐："和尚，既然你号称身为四大五蕴，让我坐坐也无妨！"佛印禅师不急不恼："四大本空，五蕴非有，请问苏学士，你要坐在哪里呢？"东坡无语。无奈下，只得把自己腰间的玉带输给了佛印。

第二个故事。东坡有一次在金山寺坐禅，长达一个时辰之久。感觉自己遍体通畅，上下舒泰，他就得意地禅印："和尚，你看我坐禅姿态如何？"佛印看了看，点头赞道："真像一尊佛！"然后，佛印反问东坡："苏学士，你看我的坐姿如何？"苏东坡就爱打趣佛印，马上说："你坐禅的样子，真像一堆粪！"佛印无语。苏轼自以为占了便宜，兴高采烈回家，对妹妹讲了坐禅问答的经过，洋洋自得地说："我终于胜了秃驴一回！"苏小妹禅学底子很厚，忙对哥哥说，"你今天又输了！佛家认为，人自身心中有佛，看别人如佛；人心中有粪，看别人才是粪。"

第三个故事。乃佛印和苏小妹之间的故事。故事中，佛印禅师百无禁忌，曾戏谑地对小妹说："我这里有个上联，烦请女施主对一下：'一女孤眠，纵横三只毛眼。'"苏小妹同米争强好胜，立刻回口对下联："二僧同榻，颠倒四个光头。"

黄段子是吧？

故事，自然是后人编造的。佛印禅师端正大才，苏小妹子虚乌有。

但是，如果谁认为故事“很黄很暴力”，显然识见不够，禅悟未达，沾泥带水，落于词语表意之上。

28．火候足时他自美

苏东坡有篇《猪肉颂》：

> 洗净铛，少着水，柴头罨烟焰不起。待他自熟莫催他，火候足时他自美。黄州好猪肉，价贱如泥土。贵者不肯食，贫者不解煮。早晨起来打两碗，饱得自家君莫管。

诗文十分口语化，类似打油，但却十分形象地揭示出苏轼性格中一个闪光的侧面。

此诗的历史背景：北宋元丰二年十二月（1080），苏轼因“乌台诗案”被朝廷罚贬，到黄州任团练副使的小官。由于职贬薪俸少，苏东坡只能在黄州城东旧时营防废地开出数十亩荒田，自耕自种。

苏轼属于肉烂嘴不烂的人，躬耕之余，他在荒地树林里筑起草房，亲自在房壁上绘上雪景，穷开心地起名为“东坡雪堂”，并由此自号“东坡居士”。

中国文人总是这样，达则起兼济天下之心，穷则想着如何独善自身。苏东坡无事找人赋诗下棋外，闲暇时就研究起如何吃好喝好，煮肉喝酒，吟诗唱酬，最终还是宣泄政治上的失意苦闷。

黄州物产很丰富，粮多猪多，富人不屑吃猪肉，穷人不知道如何烹制猪肉。这种世况，恰恰被苏东坡捡了个大便宜。他常常低价买上好猪肉，猛放调料，微火慢煨，终于做成了色泽红润、汁浓味醇、糯而不腻的“东坡肉”，并留下了这首著名的《猪肉颂》。

苏轼，乃学问大家，精通禅学。但是，他骨子里，儒家精神还是最深厚的。特别是黄州之贬，许多老友旧朋不敢与他联系怕受牵连，反而是昔日与他诗文唱和的不少道人、禅师朋友，千万里书信殷勤。谆谆相慰，自然让苏东坡对佛禅更起留恋之心，一时间成为精神支柱。

当然，苏东坡天生奇才，他对佛禅的理解，深入且透彻，并且依旧怀有十足的宋代理性主义精神。

虽然苏轼自称“东坡居士”，并不妨碍诗人自己大吃猪肉。杀生犯戒，相比解嘴馋，肯定是小事了。

苏轼是个猪肉迷，他嗜爱这口。自黄州以后，他每次去好友佛印禅师处，这位金山寺的大和尚都会烧猪肉给他吃。

一次，佛印为苏轼烧好的猪肉被人偷吃，苏轼还做《戏答佛印》一诗：

远公沽酒饮陶潜，佛印烧猪待子瞻。
采得百花成蜜后，不知辛苦为谁甜。

诗里，苏东坡自比陶渊明，而将佛印禅师比作晋朝的名僧慧远。可见，宋朝的人文精神浓厚，士人、禅师都非常任达旷放，一方面他们尽心钻研佛理禅宗，一方面口食不忌，真可谓“酒肉穿肠过，佛祖心中留”。

惟大英雄真本色，是真名士自风流！

苏东坡是爽朗人、放荡不羁人、神俊人。所以，他行事洒然，总与禅宗的精神暗合。那种“饱得自家君莫管”的智慧，不正是禅家“平常心是道”的另类解读吗？

当然，苏轼在这首《猪肉颂》诗中，所用的是常规的、可知解的、逻辑的语言文字，但其中所蕴含的，则不乏超常的、超智的、内证的禅悟体验。

我们普通读者读之、颂之，如果能真正心领神会，就会从中发现宋人天真烂漫的情趣和禅趣，就会证悟那种得意妄言、泯思绝虑的语言境域。而且，苏轼的这首《猪肉颂》，还包含有临济宗“无事是贵人”的禅髓在其中。也就是说，短短一首诗，有五个层面的特性在里面：

第一，自性圆满，与佛无别；第二，不须造作，本来现成。第三，饥餐困眠，日用是道。第四，有求皆苦，歇即无事。第五，不求师家，不求经论。

苏东坡那种“早晨起来打两碗”的自在，确实是荡除妄念后的一种高妙境界。在这首看似属于俗常吃喝烹煮的诗中，浓缩着诗人深刻的禅学感悟，但又那么不着痕迹。

只有苏东坡这样的大“无事”之人，才能写得出这种爽朗自然、近乎天籁的诗。只有苏东坡这样的大“无事”之心，才能在穿衣吃肉中，感悟到那种触目皆菩提的不可言之大美！

苏轼禅诗中的“成熟”之美，其实还属《送春》：

梦里青春可得追，欲将诗句绊余晖。
酒阑病客惟思睡，蜜熟黄蜂亦懒飞。
芍药樱桃俱扫地，鬓丝禅榻两忘机。
凭君借取法界观，一洗人间万事非。

此诗，不脱不粘，机用活泼。在诗人玄妙深远的语言中，多元的喻象意义尽皆表达出来，奔流度刃，玄奥自然。

29. 一树春风有两般

一树春风有两般，南枝向暖北枝寒。
现前一段西来意，一片西飞一片东。

佛印了元的这首诗偈，很有嚼头。

佛印了元（1026—1086），我们前面在东坡诗中介绍过他。他俗姓林，乃饶州浮梁（今江西景德镇）人。佛印亦佛亦诗，多年住持镇江金山寺，与大文豪苏轼、黄庭坚等人相交甚厚。此人擅书法，能诗文，尤善言辞。德高望重名气如许大，宋神宗赐其号为“佛印”。

关于佛印这首偈诗的来历，还有一个故事：

苏东坡和秦少游两个大文士，常常在一起混，老友鬼鬼，谈天论文。一次，二人在酒楼饮酒，忽然看到一个乞丐从座前走过，衣衫褴褛，满身虱子。

文人无聊。苏东坡仔细打量了乞丐一番，就说：

“根据我多年经验，此人身上爬山爬下的雪白小虱子，是从他本人皮上的垢腻中生长出来的。”

“不！根据我多年经验，虱子肯定是从他那一身破棉袄中生出来的。”秦少游断喝。

“不……”

“不……”

二人争执不下。

为了找出虱子生长的“真理”，二人要他们共同的朋友佛印禅师做个了断。事先，他们都暗自嘱咐佛印禅师，要和尚偏向自己的论断。

于是，过了几天，苏东坡和秦少游来到金山寺，径听佛印“断案”。

佛印哈哈一笑，说：

“根据老衲多年经验，乞丐身上的虱子的生长吗，它的头，乃从其身上垢腻中生出，而它的脚，乃从身上棉絮中生出……”

苏东坡和秦少游面面相觑。

看到二人窘态，佛印清清嗓子，吟出上面那首诗偈：

一树春风有两般，南枝向暖北枝寒。

现前一段西来意，一片西飞一片东。

佛印看似顾左右而言他，其实正是要打破苏东坡和秦少游的执迷与执着心。

人的悟性不同，有人觉醒，有人执迷。向上向下，各有不同，正所谓“南枝向暖北枝寒”。但是，迷或悟，皆在一念；圣与凡，同属一心。心外无佛，身外无法。只要能泯却差别，定能明心见性。所以，“现成一段西来意，一片西飞一片东。”如果只在相上打转，肯定会被境所牵。

东西南北，暖寒向背，都是过眼云烟，都是缘生缘灭，哪里有什么定性可得！能明白这个道理，哪里又不是祖师西来意呢！

通过此首偈诗，佛印就是告诉苏轼和秦观二人：物我本自亦知，无常正是恒常。也就是说，只要能舍弃妄想分别，就能把矛盾的事相转化为圆融的境界。为此，虱子何来，佛印并不直接说透。他反而言语谆谆，接引两个大文豪往灵通一路上走，以使他们更能得到透彻的体悟。

在诗情画意的参禅悟道过程中，高人往往能以寥寥数语，就能起到拔栅破堤的作用。这样一来，点拨之语，能使得学人受阻遏的精神之流，瞬时间得到自由自在的任运奔放。

如此，感悟了超妙高远，妙谛共悟，而洒脱、机趣的活泼禅趣，在飘逸的情兴中，更是别有风致！

30．香艳从里存妙悟

圆悟克勤（1063—1135），宋代高僧。俗姓骆，法名克勤。他是彭州崇宁（今四川郫县）人，先后在四川、湖北等地弘法，晚年住持成都昭觉寺。

声名昭著之下，克勤禅师晚年被宋高宗赐号“圆悟”。

为引渡学人，圆悟克勤禅师编撰了《碧岩录》十卷。此书在佛界有“禅门第一书”之誉。

克勤禅师开悟的机缘，非常奇特——一首艳诗，竟成他悟道的本由。

克勤禅师年纪轻轻，就精通《首楞严经》等佛典，孜孜不倦。一次，忽患重病，殆近死亡。垂危之际，克勤回思平生所学，觉得那些东西根本帮不上忙，因此感叹道：“诸佛涅槃正路，完全不在文句中，声求色见，与死无异！”

大病初愈后，克勤禅师就不在沉溺于佛经文字，遍参天下宗门大德。最后，他到了五祖寺法演禅师处，学习参悟。

法演禅师慧眼识人，觉得克勤身上有着很重的豪辩习气，但也发觉这位年轻人是可塑之才，就对他非常严厉，总是故意不认同克勤那些自以为是的机锋和小聪明。为此，克勤怏怏之余，非常恼怒，准备离开五祖寺。

法演禅师根本不劝阻，只说：“待你身染沉疴，方思量我的好处。”

果不其然，克勤禅师离开五祖寺后不久，就又染大病。他用尽平身所学心法，也对付不了来如山倒的疾病。恹恹之时，克勤思念起法演禅师的好处，决定病愈后重返五祖寺。

法演禅师见到重新站在自己面前的、脸色忸怩的克勤，一点没有不高兴的意思，马上让他安居在寺内，充当自己的侍者。

不久，适逢有个休沐放假回蜀地的官员陈提刑来到五祖寺，向法演禅师问法。

陈提刑问道的内容，大落俗套：“如何是祖师西来意？”

如果翻开禅宗典籍，仅《五灯会元》一本书，僧徒之间互问“如何是祖师西来意？”就出现过三百四十多次。

这个问题，对于禅师来讲，一说就俗，一说就漏，根本不能直接回答。否则，就背离了达摩祖师的西来意。为此，面对这个问题，根据当下情景，禅师们往往随境造机锋，或回答“庭前柏树子！”或回答“镇洲大萝卜”、或回答“大好灯笼”，或回答“西来无意”……

法演禅师想了想，他忽发奇想，说到：“陈提刑，你年纪轻，肯定读过艳诗吧。我这里有四句，与悟道的境界，颇为类似。‘一段风光画不成，洞房深处恼予情。频呼小玉元无事，只要檀郎认得声’。其中意思，你能明白吗”？

陈提刑听说后，一脑子浆糊，也不好说自己不懂，只是点头惟惟。不久，他告辞而去。

陈提刑摸着后脑勺走了，一直侍立在法演禅师身旁的克勤倒是大有所悟。

看到克勤双眼发光，二眸子灼灼，法演禅师感觉这个徒弟应该已经开悟了。不过，他也不说透，悠然在榻上独坐饮茶。

克勤就问法演禅师："刚才听您吟诵艳诗，陈提刑会意了吗？"

法演禅师："他只认得声罢了。"

克勤半是自言自语，半是问法演："'只要檀郎认得声'。他既认得声，为什么却没有悟道呢？"

法演禅师立刻反问："如何是祖师西来意？庭前柏树子在哪里？"

闻言，克勤禅师顿时大悟。他振袖而起，大步流星，走出法演禅师的方丈，立在庭院内。

恰好一只雄鸡飞上栏干，振翅而鸣。

克勤禅师点头道："此岂不是声？"

大悟过后，云消雨散，心地澄明。

克勤禅师脚步轻盈，步回方丈室，向法演禅师说偈曰：

金鸭香销锦绣帏，笙歌丛里醉扶归。

少年一段风流事，只许佳人独自知。

法演禅师听罢，明悉弟子已经彻悟，高兴非常，立刻赞叹道：

“佛祖大事，非小根劣器所能造诣，老纳真为你高兴啊！”

于是，法演禅师遍告山中诸寺内修行的大德们说：“我侍者已经得参真禅也！”

在此，我们必须回到先前的艳诗：

> 一段风光画不成，洞房深处恼予情。
> 频呼小玉元无事，只要檀郎认得声。

五祖法演禅师所举的这个艳诗，到底包含着什么禅理呢？

我们知道，古代男女，授受不亲，妙龄女子不能主动对男性表示愉悦爱慕之情，即使是洞房花烛夜的新娘，也不能喊来自己的夫婿让他温存。为此，枯坐洞房的新嫁娘，只能频频使唤贴身丫环（小玉）沏茶倒水，目的是要引起新郎的注意，让对方知道自己在等待玉貌郎君。

而这位用意深刻的新娘，在诗中正是譬喻历代的诸佛祖师；芸芸众生，恰指那位感觉迟钝的“檀郎”。

所以，多少年来，祖师们的语录公案，以及佛经上诸佛的教示言论，都指的是那频呼“小玉”的弦外之声。

> 金鸭香销锦绣帏，笙歌丛里醉扶归。

少年一段风流事，只许佳人独自知。

克勤禅师投桃报李，以艳诗还艳诗。就是要表达这样的意思：参禅悟道，恰似青年男女热火干柴的热恋中，妙境幽深，情浓意切，只能自证自知，别人肯定无法知晓其中的深意。而且，参悟之境，不立文字，如同青年人的风流韵事，当局者知，无法道与旁人。

所谓立处就是真。天下万法，都能体现人的真实本性。而令人悸动的、隐秘的人类情感，许多地方恰与禅悟极其类似。

法演禅师，乃一代禅宗大师。这个禅师，非常喜爱以艳情入诗，度己度人。

法演在对他的老师天龙禅师的“一指禅”的禅悟中，就曾作偈诗道：

佳人睡起懒梳头，把得金钗插便休。

大抵还她肌骨好，不涂红粉也风流。

大龙禅师在世的时候，与人机锋应对，无所大言，惟竖一指。

如此奇奥的禅法，法演禅师终生难忘，他常对人讲：“我得天龙禅师‘一指禅’，一生受用不尽！”（读者不要误会，这“一指禅”不是少林老和尚用绳子吊一只脚然后再用指头戳地

倒立的那种"功夫"，而是指大龙禅师独创的开悟禅法的方式）

而法演禅师的颂诗，其中"佳人睡起"，暗喻参禅者蒙头睡起，任运随缘；懒梳头，即指懒用任何机关；随意插金钗，譬喻大龙禅师的昂然一指上竖，解尽禅机；说美人肌骨好，乃喻示大龙禅师具有高深的悟性，从容面对学人。

就此，我们可以发现，以艳情喻禅悟，果真是耐人咀嚼，别有风味。

31．凉风深夜月如钩

两岸芦花一叶舟，凉风深夜月如钩。

丝纶千尽慵抛放，归到家山即便休。

这首《归到家乡》的作者，乃宋朝的龙门清远禅师。

龙门清远禅师（1067—1120），宋朝蜀地临邛（今四川邛州市）人，俗姓李。论宗门归属，他属于临济宗门下的杨岐派。

龙门清远禅师十四岁出家，跟从毗尼法师学习律宗。有一天，当他研读《法华经》的时候，其中有一句话："此法非思量分别之所能解。"反复诵读，让他百费思量，就是不懂其中的深意。他去求问教师父，没能得到圆满的解答。失望之余，清远禅师决心突破自身的困惑，出川云游，参访各地的高僧大德，以寻求禅悟。

初至舒州，龙门清远参拜五祖法演禅师，但入门无径，待了多日，他依旧懵懵懂懂。于是，五祖法演禅师要他到庐州（今安徽合肥）一带去化缘参悟。

在庐州，龙门清远四处游逛化缘。街上，人头涌动，熙熙攘攘。突然间，两个路人为琐碎事大吵。街上行人，纷纷围观，从四面八方跑来，横冲直闯。猝不及防，龙门清远被人群撞倒在地。

头晕目眩中，倒在地上的龙门清远，忽然在嘈杂的吵骂声中听到清晰至极的一句话："你这个执拗的东西，还在烦恼什么！"

一句话，如雷贯耳，龙门清远幡然而有所悟。

他回到舒州后，整日脸色明朗。五祖法演禅师看在眼里，喜在心头，知道这个徒弟已经大有禅悟。

不过，法演禅师觉得，这个徒弟距离大彻大悟，还有段距离，依欠火候。所以，每当龙门清远有疑问前来请教，五祖法演禅师总是对他说："我不如你，你自己悟得会得的，才是你自己的禅悟。"

冬夜寒冷，龙门清远无聊，寂寥独坐，烤炭火取暖。他见火苗如豆，就用木棍拨炭。猛然间，炭火呼地一声，熊熊燃烧起来。

见此，龙门清远喜不自胜，感觉自己的禅悟更上一层，兴高采烈对自己说："深深拨，有些子；平生事，只如此。"

就着炭火，他取出《景德传灯录》来翻阅。当他读到破灶堕禅师[1]的公案时，忽然疑团大解，如痼疾顿消，大彻大悟。

起身立定，他当场做了一首偈：

> 叨叨林鸟啼，披衣终夜坐。
> 拨火悟平生，穷神归破堕。
> 事皎人自迷，曲淡谁能和。
> 念之永不忘，门开少人过。

弄炭拨火，龙门清远感悟到自身的纯真自性，无所不在。只要能做到去透入本心体验玄妙，自然可以见到“本来面目”。

恰好，龙门清远的师兄圆悟克勤找他，听他这首偈诗后，转回师傅法演禅师处，欢喜地说：“清远师弟终于参得

---

① 破灶堕禅师，此人约七世纪下半叶前后在世，其生卒年、姓名及籍贯皆未详，据说，他曾得法于嵩山慧安国师。他隐居嵩岳之时，山坞有一庙甚灵。殿中惟安一灶，其中有灶神，远近大众对此祭祀不辍，灶中烹宰物命甚多。一日，禅师领几个学僧入庙，以杖敲灶三下，大声喝道：“咄！此灶，此灶，只是泥瓦合成。圣从何来！灵从何起！恁么烹宰物命！”接着，禅师又猛打三下。土灶应声倾破堕落。须臾间，有一人青衣峨冠，影影绰绰从灶间现出，向禅师跪拜，说：“我本此庙灶神。在此，我久受业报，今日蒙师说无生法，得以解脱，特来致谢！”禅师言道：“体证佛法，是汝本有之性，非吾强言。”灶神再拜，升空而去。随行学僧们不解，问禅师：“某等久侍和尚，不蒙示诲。我们想知道，灶神得甚么径旨，就能一言升天？”禅师说：“我只向他说，灶本是泥瓦合成。除此以外，别无道理。”听此，学僧们无言。禅师问：“你们领会了吗？”学僧们说：“没有领会。”禅师叹道：“本有之性，为什么你们不能领会呢！”学僧们闻此语，忽然领悟，于是礼拜禅师。禅师笑言：“破也破也！堕也堕也！”由此，禅师得名为“破灶堕”和尚。

这个故事说明，一切精灵，都能附在草木砖瓦土灶上显灵，就像我们这个妄心纳在肉身里面一样。但是，妄心妄念，只能纳遍于这个肉身，而不能纳遍其他的地方。由于我们执着了这个身体是“我”，所以不知身外的一切都是“我”。

了活句！”

后来，清远禅师声名远播，被舒州太守迎请去住持崇宁的万寿寺，不久，他又迁至龙门寺，任住持十多年，故世称“龙门清远”。宋徽宗政和八年（1118），皇帝下敕，令他住持和州（今安徽和县）褒禅寺，赐号“佛眼禅师”。

开示弟子的时候，龙门清远总要求徒众在修禅的时候必须离却情念。他指出，只要离却情念，明白了三界中一切虚幻不实，才算懂得了禅悟的真髓。

为了消除弟子学人的妄见，龙门清远讲了这样一个故事：

有一个和尚，持戒甚严。他出家数十年，严守戒律，从未破过戒，但整天提心吊胆，唯恐自己哪里出差，违犯戒律，怕死后坠入地狱。一天晚上，这和尚走路，忽然脚下踩着一样圆鼓鼓、软咚咚的一团东西。由于天色黑暗，他就觉得自己刚刚踩死了一只蛤蟆。恐骇之余，他甚至觉得蛤蟆的肚子里还有许多蛤蟆卵。惊惶失措下，这和尚顿足捶胸，生怕自己杀生犯戒。转天大早，他翻蹄亮掌跑到原处，仔细一看，哪里是什么蛤蟆，原来地上只是一只老茄子。由此，和尚忧虑顿消。

龙门清远禅师讲完这个故事后，就问弟子：“和尚那天夜晚，慌忙行路中，踩着的究竟是蛤蟆，还是茄子呢？如果说是蛤蟆，天亮去看时又是茄子；如果说是茄子，天未亮时他脑子里又有无数蛤蟆来向他讨还命债。对此，你们意下如何？”

禅问玄奥，徒弟们纷纷摇头。

为此，龙门清远念出一首偈诗：

蛤蟆疑情虽已消，茄子念头犹未除。

如要熄灭此见解，中午敲响黄昏鼓。

这首偈子，就是开示弟子们，人心如果像那个踩茄子的和尚，执著于世间万物，一定会产生千种折腾，万般烦恼。如果我们能随缘任运，就会时时自在，处处潇洒。天下世间，一切本来就毫无差别。

好了，我们回头再谈清远禅师的那首《归到家乡》禅诗。

此诗的喻意，其实很简单：禅师以“归家”为喻，给我们展示出一种澄明剔透、心机全泯的境界。他提醒我们，不要丛生妄念，向心外驰求。

与此相类，清远禅师还有另外几首禅诗同样表达了“归乡”的喻示：“鬓发已苍浪，言归恨不早。独立秋风前，相思望江岛。”“无孔笛，再三吹。哩哩罗，罗罗哩。游子忙闻征袖湿，佳人犹唱翠眉低”。“挂得帆来遇便风，须臾千里到家乡。临门上岸逢妻子，欢喜情怀不可当”。

宋徽宗宣和二年（1120）冬至的前一天，龙门清远禅师在饭后整衣趺坐，对弟子们说：

“我观各地禅林高僧，临终时都要留偈辞世。难道，人世可以辞吗？辞了以后，又到哪里去？”

言毕，他端坐怡然，合掌而逝。

32. 桃花烂漫始抬眸

终日看天不举头，桃花烂漫始抬眸。
饶君更有遮天网，透得牢关即便休。

这首《悟道偈》，作者乃佛灯守珣禅师。

佛灯守珣（1079—1134），宋朝临济宗杨岐派禅师，籍贯安吉郡（今属浙江）。他俗姓施，是佛鉴慧勤禅师的法嗣，世称佛灯禅师。由于他开创浙江何山移忠寺，故又称“何山守珣”。

“终日看天不举头”，是讲禅师自己初参“本来面目”的时候，终日埋头拔出心草，悟道参玄，无暇抬头。“桃花烂漫始抬眸”，就是他明心见性的刹那禅悟。

禅师在参破的那一刻，抬头展眸，满目春意盎然，枝上桃花烂漫，一花一叶，皆是佛祖妙谛！

大凡参禅者开悟之后，肯定还要继续精进修行，悟后起修，才是真修。所以，禅师才讲出这样的话“饶君更有遮天网，透得牢关即便休”——一直向上，追本溯源，才能破除无始无明，契入清净法身！

想当初，守珣禅师初参佛禅之时，总是不能契入机缘。于是，他把被衾封缄，发誓说：“此生若不彻悟，誓不展此！”此后，他就昼坐宵立，如丧考妣。

一天，守珣禅师忽然听得师傅佛鉴禅师吟诗偈：“森罗及万象，一法之所印。”

听得这两句，守珣禅师顿悟，踊跃欣喜。

佛鉴禅师觉得弟子情状可疑，就诘问道：

“灵云志勤禅师说：‘自从一见桃华后，直至如今更不疑。’你说说看，如何是他不疑处？”

守珣禅师：“莫道灵云志勤禅师不疑，我如今想寻个疑处，却了不可得！”

佛鉴再问：“贤沙禅师说：‘谛当甚谛当，敢保老兄未彻在’。你说说，哪里是他未彻处？”

守珣禅师马上回答：“我明白，我明白，我深知和尚你对我，是老婆心切呵。”

听弟子如此说，佛鉴知道他是真的达到禅悟，就点头认可。

于是，守珣禅师拜起，呈上那首开悟的诗偈。

与守珣禅师同时的圆悟克勤禅师听说此事后，怀疑前者没有真正开悟，就决定自己亲自勘验。于是，他派弟子把守珣召至，约他一起游山。

闲逛之时，二人经过一个岸壁陡峭的水潭。圆悟克勤禅师忽然伸手，把守珣禅师推入深潭之中。

望着挣扎拍水的守珣，圆悟克勤问："牛头法融禅师未见四祖道信[①]的时候如何？"

守珣禅师一边拍水往岸边游，一边回答："潭深鱼聚。"

圆悟克勤追问："见后如何？"

守珣禅师："树高招风。"

圆悟克勤怡然点头，又问："见与未见时如何？"

守珣禅师此时已经游到岸边，大声仰头说："伸脚在缩脚里。"

闻此言，圆悟克勤禅师知道，在潭中奋力游水的守珣禅师确实真的悟得大道。于是，他哈哈大笑，迎前把臂，与守珣禅师欢言移时。

牛头宗法融禅师的玄旨，一直讲求诸法如梦，心境本寂。他们以休心不起、本来无事为禅悟的根本，以"忘情"为禅修的宗旨。法融禅师认为，人心中情生，则为诸苦所系。忘情，即绝苦因，方度一切苦厄。

---

① 牛头山法融禅师为四祖道信大师旁出法嗣。法融禅师（594—657），是润州延陵人，十九岁即博通经史，特别精通《般若经》。后来，他入金陵牛头山，幽栖寺北石室枯坐，感受百鸟衔花之瑞。贞观年间，禅宗四祖道信大师遥观气象，知牛头山有奇异之人，就前往躬自寻访。二人见面后，相互问答，四祖道信就对他宣讲《方寸论》："百千法门，同归方寸。河沙妙德，总在心源。一切戒门、定门、慧门，神通变化，悉自具足，不离汝心。一切烦恼业障，本来空寂。一切因果，皆如梦幻。无三界可出，无菩提可求。人与非人，性相平等。大道虚旷，绝思绝虑。"

由此，法融禅师大悟。在禅宗历史上，法融一系称为"牛头禅"，法门极盛，他本人著有《心铭》禅宗妙著。其弟子多多，著名的有道纂、道凭、智岩、昙璀等十三人。牛头宗的道钦禅师，住持径山，特别受唐代宗崇仰，赐号"国一"。

对这些牛头宗的玄奥禅悟，守珣禅师以玄讲玄，故而得到了圆悟克勤禅师的嗟叹认可。

守珣禅师晚年，常对人讲："先师佛鉴禅师，坐化时五十九岁，我今年五十六岁了，来日无多。"

一天，他对一位居士说："十月八日，是我师傅佛鉴忌日，我也该归去了。"十月四日，那位居士记起此事，就派自己的弟弟前往僧舍闻讯。

守珣禅师笑着说："你还的真是时候，早一天不到时辰，晚一天就错过了。我虽然与佛鉴禅师是同宗师徒，终不会同日而死。明早，你可为我找一条小船子来。"

居士的弟弟问如曰："您要多大的船呢？"

守珣禅师："船高五尺许，就可以了。"

过了三天，清晨，鸡鸣之时，守珣禅师端坐禅床，一如平时。

立侍的僧徒知道师傅要坐化，就请他留下遗偈。

守珣禅师微微摇头，轻言道："我不曾作得。"

言讫而逝。

33. 曲中无限花心动

冰雪佳人貌最奇，常将玉笛向人吹。

曲中无限花心动，独许东君第一枝。

这首《冰雪佳人》偈诗，乃宋朝龙鸣贤禅师所作。

如此香艳的一副玉人抚笛图，风情袅袅，春意无限，深究细读，却是一首禅诗！

诗中的“冰雪佳人”，取意自《庄子·逍遥游》，指“藐姑射之山”上那位“肌肤如冰雪，绰约如处子”的“神人”。

这首禅诗中，相貌奇特的“冰雪佳人”，譬喻的恰是那观机逗教、勘验众僧的高妙禅师。“常将玉笛向人吹”，看似佳人抚笛，实际譬喻禅师用禅机来勘验僧人，以期学人开悟。“曲中无限花心动”，比喻众多僧人因为禅师的机锋而纷纷回应的状态。

最后那句，“独许东君第一枝”，指的是，众多会意证悟的僧人中，惟以“东君”钟情的“那一枝”，最能感受到笛声诗韵，与抚笛佳人心心相印！

即使完全脱离了公案去体悟这首艳丽的禅诗，也能让人恍然置身于一幅精致凄清的迷人图画中。

泯除差别心，其实是修禅的一个关键。

《五灯会元》中，有一则《亡命道婆》的故事：

从前有个婆子，自建庵堂供养一个僧人，长达二十年之久。这婆子常让一位二八妙龄女子送饭送汤，侍奉僧人。一日，婆子唆使女子忽然从背后抱定僧人，娇声细细地问：“和尚，你现在感觉如何？”僧人倒也持定，镇定地回答说：“枯木倚寒岩，三冬无暖气。”女子出得庵房，就把僧人所言回告婆子。岂料，婆子闻言大怒：“我千辛万苦二十年，只供养得个俗汉！”遂把僧人赶出，烧掉了庵堂。

笔者初参禅宗，对这则公案大为不解。我觉得，僧人禅定的功夫已经如此到家，他对二八佳人的投怀送抱丝毫不动色心，不知道为什么，那供奉的婆子会认为他做错事情而烧庵赶人。

其实，“定是慧体，慧是定用。即慧之时定在慧，即定之时慧在定”。也就是说，那个僧人虽有定的功夫，但还没有完全解脱，他的“慧心”还没到层次。

定与慧，名二体一。恰似我们平素所说的“烦恼即菩提”，无二无别！

如果僧人是个真正彻悟的禅师，见到佳人，自然依旧是佳人，哪里会自己变成枯木！禅者自己也是活人，怎能矫饰地自称“寒岩”？再者，枯木寒岩，也是有形之物，有形即有欲，又何可以己之有欲来表白自己的无欲！

任何一个人，如果不能忘形忘物，他的禅心就一定会闭塞，从而失却他清洁的自性和本心。

所以，如果僧人真有修行，身心无着，他就不会刻意去着尘着色地丑表功说自己心如死灰。正是和尚这种丑表功，恰恰落入边见，犯了差别悬隔的大忌。

如此，僧人既不能保持常人的心境，更不能臻入彻悟者的心境。特别是他对自我色欲克制的渲染，实际上反而是掩饰他的色欲。

因为，起心便是妄念！

由于实现不了这种真正的禅悟和超越，僧人自然就被供养他多年的婆子赶出庵堂去。

心无牵挂，才能真正一丝不挂。这和尚庵堂苦修二十年，还是没有开悟，对妙龄女子这一“考试”，真像毕露，没有真正的放下。

温习了《亡命道婆》的公案，我们再回头读龙鸣贤禅师《冰雪佳人》的偈诗，肯定峰回路转，别有一番滋味在心头。

34．满目秋江澄似镜

晓来风静烟波定，徐来短艇资闲兴。

满目秋江澄似镜，明月迴，更添两岸芦花映。

这首《渔父歌》的作者，是投子义青（1032—1083）。

义青禅师，青社（今河南郾师县）人，俗姓李，自幼出家，遍识华严、唯识等经论，人称“青华严”。他后来到临济宗大家浮山法远禅师门下悟道，大有所成。由于义青禅师常住舒州（今安徽潜山县）投子山胜因院，故称“投子义青”。

义青禅师的偈诗，主要描绘禅悟者的自受用境界：晨光微露，长江万里，风停波定。一叶扁舟，缓缓行驶，随兴所至，随波而行。极目天舒，秋江澄平入镜，好一派涵容万有，照彻一切。而天上明月，也与往常不同，分外明亮，把两岸芦花，也映照得历历分明。

全诗通篇是禅师的直觉意象，却把佛法的非意识境界，清明透彻地呈现在人们面前：一切本自现成！

当初，义青禅师曾经非常努力地研读经书。一次，当他读到一个偈子时，看到“即心自性”四个字，恍然大悟，自言自语道：“法离文字，宁可讲乎？”于是，他就开始云游天下。

彼时，浮山法远禅师在会圣岩修禅。当天夜晚，法远禅师梦见一只青色大鹰，觉得是个吉兆。

结果，转天一大早，义青禅师就行脚到会圣岩。

法远禅师看出他根器不凡，就让他参究外道问佛“不问有言、不问无言”的公案。

这个公案，故事是这样的：

外道问世尊：“不问有言，不问无言。”世尊据坐，默然良久。外道赞曰：“世尊大慈大悲，开我迷云，令我得入。”乃作礼而去。阿难问：“外道得何道理，称赞而去？”世尊曰：“如世良马，见鞭影而行。”

义青禅师很有耐心，在当地住下，认真地将这一公案参究了三年。

一天，浮山法远禅师胡忽然问他：“你记得当年我要你参究的话头么？你试着说说看。”

义青禅师正要开口答话，浮山禅师一把掩住他的嘴。

当即，义青禅师豁然开悟，便叩首礼拜。

浮山禅师见他礼拜，便问："汝妙悟玄机否？"

义青禅师："如果有悟，也要吐出来。"

当时，有侍者在旁，见状说道："义青今日，如病中大汗，真个大好！"

义青禅师回头看了他一眼，说道："闭上你的狗嘴！如果你再叨叨啰嗦，我就要呕吐出来了。"

开悟之后，义青在法远门下又精修了三年，师徒契合无间。

义青在舒州（今安徽潜山）投子山胜因院作住持后，声名大震，不少人慕名前去求法。

他开示徒众的方法，也非常有特色。一日，他在上座对大众讲：

"汝等求法，如遇孤村陋店，莫停留踌躇。祖佛玄关妙隘，可横身直过。倘若汝等遇到苏秦碰壁难回、项羽临江难逃的境遇，进则落于天魔，退则沉于鬼道。不进不退吧，恰恰落在死水之中。到了这种地步，汝等如何才能平安无事呢？"

堂下僧众，面对如此高深话语，无言对答。

良久，投子义青禅师一语解惑：

"任凭它漫天三尺大雪，压不住我心中一寸灵松！"

在此，义青禅师就是告诫徒众，只要能把一切都放下，见性自得禅悟，哪怕再险恶的环境，也能安然渡过。

为此，投子义青曾作《忘惶》诗：

方春不觉来朱夏，秋色蝉明翠影斜。
夜来风急柴扉破，满地霜铺落叶花。

“忘惶”，指人对时间的遗忘。佛经认为，有为诸法，相续迁流，才产生了过去、现在、未来三世的时间差别。其实，“时间”，也是一种“相”，根本没有实在的自性可得，它不过是依从有情心性的变化而变化罢了。

禅悟得道的禅师，能做到生活平静恬淡，心中自然波澜不兴。由此，春天不知不觉地过去了，浓红盛夏来临，翠影横斜。季节变换，递嬗不休，傍晚风急，竟把禅门给吹破了，寒霜飘拂于落叶花上，寺庙的整个庭院一时铺满。

此情此景，禅师依旧澹然宁静，心中微澜不起。一切的一切，显示出情尘脱落、即物即真的禅悟境界。

35. 不风流处却风流

古人得后便休休，茅屋青灯百不求。
遮眼漫将黄卷展，不风流处却风流。

这首《示襄禅者》偈诗的作者，是宋朝的慈受怀深禅师。慈受怀深（1077—1123），字慈受。他是宋朝云门宗禅匠，寿春府（安徽省）六安人，俗姓夏。

慈受怀深禅师十四岁剃发出家，青年时代云游天下丛林，寻师访道，曾在宋徽宗宣和三年受诏住持东京（今河南省开封）慧林寺。

“古人得后便休休”，“古人得后”应该是“得古人后”的意思，作者为适合诗歌的平仄而作如此调整。就是说，诗人自己体悟了古来高僧大德的禅悟秘髓后，诸事大吉，无事挂心，满心融入了空性的大光明藏中。自此，千般畅意，百无所求。

在这样的境界中，诗人展读佛经的时候，再不是为了解难释惑的钻研苦读。“遮眼漫将黄卷展”，他信手翻看佛经，此时只是为了遮眼而已。因为，他先前所有的疑惑和愣怔，皆已经涣然冰释。

这种彻悟本来面目、悠然自得的状态，自然是最大的、真正的风流。

破除了迷昧颠倒，当然是不风流处，尽呈风流！

此外，慈受怀深禅师还有著名的《万事》三首：

万事无如退步休，本来无证亦无修。明窗高挂菩提月，净莲深栽浊世中。

万事无如退步人，孤云野鹤自由身。松风十里时来往，笑揖峰头月一轮。

万事无如退步高，放教痴钝却安然。漆因有用遭人割，膏为能明彻夜熬。

这三首诗，当然不是什么缩头乌龟的入世诗，而是禅师的得道证悟诗。

在这几首诗中，慈受禅师劝告那些世味正浓之人，以漆膏作比，劝诫人们不要事事追逐，不要处处贪着，应该在“退步休”的过程中，逐渐远离一切贪嗔烦恼，从而体得无为真谛，使得我们内心菩提圆觉，最终让禅悟照彻一切烦恼无明。

一念觉，万事休休；一念迷，万缘滚滚。

我们的真如自性，本自具足，不生不灭，绝非修证所能得。所以，在我们所处的五浊恶世中，我们必须修持禅悟，要像那清净的莲花一样，出污泥而不染，化烦恼为菩提。

36．花底清歌春载酒

楚泽巴山岁岁忙，今年睡足向禅房。
只知闲味如茶永，不放羁愁似草长。
架上汉书那复看，床头周易亦相忘。
客来拈起清谈麈，且破西窗半篆香。

陆游的这首《闲中偶题》，可以说满纸禅意盎然。

陆游（1125—1209），字务观，号放翁，越州山阴（今浙江绍兴）人，一生著述颇丰，有《剑南诗稿》、《南唐书》、《老学庵笔记》等存世。

陆游是一个非常虔诚的佛教徒，他平生喜近禅僧，常常宿于僧寺，吃斋谈禅。

上面这首诗，作于淳熙三年（1176）。当时的陆游，已经年过天命，且刚刚因为“恃酒颓放”被朝廷免官。所以，细读之下，可以发现，在闲居的散淡中，还是藏有诗人失意的感慨。

当然，陆放翁悟性不俗，他把禅宗中的缘起性空之理和中道不二之趣，表现得淋漓尽致。此诗工整对仗之余，禅心禅意，顺手拈来，皆成妙谛。

陆游的禅诗，随机应变，往往不特别执着于言句，在灵活中乍入玄境，随机发动，返照一心。

而潇洒自得之中，包含着禅悟的现量性和空灵性，能契证出“言语道断”的真如本体，把读之带入高远神秘的禅悟境界。

当然，观陆游的大多禅诗，每每并无金刚宝剑式的大喝，也无踞地狮子般的怒目横眉，更缺少令乾坤失色、日月无光的顿破疑情。他的诗，只是娓娓道来，如果我们仔细体味，却能使人在刹那间使得自己的妄见痴思截停。

乍入空境，顿起方便随缘之心，万般思量，千种俗念，于低首流连中粉碎无余。

陆游晚年，更加笃信禅宗，且深喜北宗禅，戒酒持斋，坐禅清思，作《白发》诗：

清坐了无书可读，残年赖有佛堪依。

君看世事皆虚幻，屏酒长斋岂必非！

在禅悟之间，世间的烦杂和躁乱，全部消融。诗人心中的安逸和超脱，摆甩了“残年”的悲苦，动静结合，虚实相生。他在营造出超脱的内心体验的同时，让我们还感受到一种空灵静寂的诗境美感，带领我们逐渐进入禅定般的涅槃妙境。

只有一颗宁静清明的心，才能深刻体证禅悟的律动。

宁谧的禅诗，总能使得我们感受到“刹那即永恒”，让我们摆脱时间和距离的限制，在空灵、静寂的意境中，剥开简淡质朴的语言外壳，品味禅心的真醇。

陆游的禅诗，能磨亮我们的心智，给出一种内涵极为丰厚的审美境界。

每当我们茶余酒半，吟诵其诗，常常会进入某种能所俱泯的直觉境，摇头晃脑之间，万物互融互摄，珠光交映。

禅的平常心，应声而山。

37．更无尘事恼闲心

插花呼酒少年场，烂赏花灯十里香。

壁月当天星续少，珠帘排户乐声长。

非缘风景今殊昔，自是情怀老不狂。
赢得安禅心似水，碧琉璃照佛龛旁。

这首《灯夕》诗的作者，乃南宋张镃。

张镃（1153—1221？）字功甫，号约斋。此人翩翩华胄，是南宋大将循王张俊的曾孙，官至司家少卿。

由于出身华贵，张镃家中，“园池声妓服玩之丽甲天下”。他本人能诗擅词，善画竹石古木，并与陆游、杨万里、辛弃疾、姜夔等大诗家词客多有交游。

每年仲春时分，张镃都会在宅邸大开“牡丹会”，吸引众多文人墨客聚会欢饮。

《灯夕》一诗，色即是空，空即是色，看似铺陈富贵，实则呈现出如水清澄的禅心。

离垢清净，不循俗情，透现出诗人的纯真向往。

类似的诗歌，张镃还有不少，现摘取二首：

招提徐步已身轻，礼忏僧忙不出迎。
侧殿挂灯窥塑像，小廊流水爱经声。
心安久矣空尘想，梦异当年记宿生。
目送绕门山更好，肯闲何处不堪行。《游昭庆寺》
曲廊桐树绿阴阴，檐佩风来奏玉琴。
但有疎帘知独立，更无尘事恼闲心。

雪霜鬓畔谁能免，城府胸中枉自深。

二六时辰真快乐，坐禅才罢即行吟。《曲廊》

从佛教教义方面讲，虽然常常谈论的是出世，是“苦”，但也不乏“乐”的内容。因为，涅槃四德，常乐我净，“乐”也是内容之一（当然，此“乐”非凡夫俗子的“乐”）。

中国文人士大夫对佛教改造后的“禅宗”，使得禅悦与儒家的“孔颜乐处”极大地糅合在一起，慢慢脱离了“人生是苦”的原始佛教原旨，转而去追求心灵的自由和生命的和谐。

这种苦中作乐的特别的喜悦，也是一种真正禅悦的境界。

所以，无论是朱弦弹绝，玉笙吹遍，还是畅怀林泉，安恬嗜静，诗人耽于禅悦的孤寂之美，如池塘春草般，清隽幽碧，寄托遥深。

禅家讲求“一切现成”，就是对当下性的注重，即侧重于证悟当下即在的生命情境。

张镃的禅诗，把我们读者的注意力随时随地引向“现在”和“这里”，让我们能时刻关注一切当下即在的东西。

值得注意的是，张镃很能体悟禅宗“触事而真”的玄旨，在他的禅诗中，一切皆是道。他在字里行间，时刻提醒我们：在日常生活之外，并不存在着另外的真理。

其实，大觉悟者，总能不离开现世界的烦恼，而证得菩提涅槃；真禅悟人，总能不离开浊世，而进入佛国。最关键处，在于我们能否在当下妙悟。而能否妙悟的关键，就是在现实世界的平凡事物中，感受那种永恒的真理，即能够“即真”。

如此，就能将有无、物我打成一片。天地与我同根，万物与我一体！

“二六时辰真快乐，坐禅才罢即行吟”。在色空空色中，诗人自然照样可以摆脱情尘欲累，挖掘玄妙的根性，使之脱离旷劫的无明习气。

一揽六合万有，尽入心境，在动荡迁转的现象界中，最终保持心灵的宁静。

38．为爱吟诗懒作禅

石楼绕清伊，尘土天所限。
人言无僧久，草满不复铲。
滩声激悲壮，山意出高蹇。
当年香山老，挂冠遂忘返。
高情留诗轴，清话入禅版。
谁言海山去，萧散仍在眼。
溪寒不可涉，倚杖西林晚。

这首《龙门杂诗》，作者乃金朝大名鼎鼎的文学家元好问。

元好问（1190—1257），字裕之，号遗山，秀容（今山西忻州）人。其祖系，出自北魏拓跋氏。他是金朝兴定年间进士，曾任行尚书省左司员外郎等职。金亡后，他返乡不仕，悠游卒世。由于他是文章大家，在金元之际颇负重望，为一时文章奎宿。

元好问的诗词，风格沉郁，崇尚天然，并多有伤时感事之作。他的诗歌，题材多样，极富感染力。他的词，兼有婉约、豪放等诸种风格，被誉为金朝一代之冠，尤以两首《摸鱼儿》最富艺术魅力："恨世间、情是何物，直教生死相许"、"天南地北双飞客，老翅几回寒暑"等，皆是哀婉动人的佳句。

元好问八岁学作诗，一生沉溺于诗歌创作。特别是当他经历了剧烈的亡国动荡之后，诗人的向佛之意更浓。

在金亡之初，元好问尤其致力于抢救和保存金代一朝和他个人方面的文献，编纂了金代诗歌总集《中州集》，后来，他编纂有《南冠录》、《遗山新乐府》和《笠泽丛书》等。

"国家不幸诗家幸，赋到沧桑句便工"。金朝灭亡后，大概在蒙古太宗十二年（1240）左右，元好问回到家乡忻州。此后十余年，他一直往返于忻州、东平（今山东东平）、真定（今河北正定）、太原、获鹿等地。

特别是晚年，在诗学取向方面，元好问提出"以唐人为指归"，创作方面效法唐朝诗风，熟谙佛理，并与英禅师、相禅师等高僧往来密切。青年时代，元好问就一直与僧道有广泛交往。经历了时代、人生的剧变后，他晚年禅学思想更浓，常常借禅论诗。

他最有名的借禅论诗的诗歌，当属《答俊书记学诗》的两句："诗为禅客添花锦，禅是诗家切玉刀。"此外，还有"鸳鸯绣了从教看，莫把金针度与人"、"诗印高提教外禅，几人针芥得心传"、"我本宝应僧，一念堕儒冠"等句。

文首的《龙门杂诗》，元好问看似写景，实则写人。在诗中，他追思唐代隐居香山的白居易，高情清话，禅意佛玄，尽在诗中。特别是"溪寒不可涉，倚杖西林晚"，一副不能绘成的现成图画，马上显现在我们面前。

处处生机，禅意氤氲，淋漓尽致地描摹出生命的澄明与宁静的意境。

元好问与英禅师的交情最为深厚，他写有《寄英禅师师时住龙门宝应寺》、《寄英上人》《夜宿秋香亭有怀木庵英上人》、《赋粹中师竹拂子》等多首诗歌，记叙二人间真挚的友谊。

英禅师，就是指性英和尚。性英，字粹中，号木庵。这个禅师，年青时代做过举人，非常有文学修养，禅修德深，有诗僧之称。而元好问的《寄英上人》一诗，亦禅亦情，表达了他与这位高僧之间的深情厚谊：

世事都销酒半醺，已将度外置纷纭。

乍贤乍佞谁为我，同病同忧只有君。

白首共伤千里别，青山真得几时分。

相思后夜并州月，却为汤休赋碧云。

可见，英禅师确实与众不同。从元初色目诗人高克恭的诗中，也可以见出这位禅师高蹈俗尘的禅味和禅风：

为爱吟诗懒作禅，五湖归买钓鱼船。

他时如觅云踪迹，不是梅边即水边。(《赠英上人》)

暮年的性英禅师，依旧大自在，吟诗闲游，过着飘逸潇洒的隐居生活。从他的身上，我们也不难想象他的一生好友元好问的禅悟和禅情。

39．梅影一枝窗上来

偶值夜雨，读石屋清珙禅师的《山居》四首诗，顿觉神清气爽，禅意十足：

其一：

禅余高诵寒山偈，饭后浓煎谷雨茶。

尚有闲情无著处，携篮过岭采藤花。

其二：

田地无尘长不扫。柴门有客扣方开。

雪晴斜月侵檐冷。梅影一枝窗上来。

其三：

长年心里浑无事。每日庵中乐有余。

饭罢浓煎茶吃了。池边坐石数游鱼。

其四：

半窗松影半窗月。一个蒲团一个僧。

盘膝坐来中夜后。飞蛾扑灭佛前灯。

石屋清珙禅师，乃宋元之际的诗僧。他俗姓温，字石屋，常熟人。生于南宋咸淳八年（1272），卒于元至正十二年（1352），活了八十一岁的高龄。

石屋清珙二十岁剃发为僧，首参天目高峰原妙禅师，后嗣法于及庵信禅师，并为当时高僧及庵信禅师所器重，曾称誉他为“法海中透网金鳞”。

石屋清珙禅师广结善缘，弘扬禅风，足迹遍布吴越大地。他为人恬淡自然，喜好隐栖。一日，他偶登霞雾山，大为景色所迷，就在筑草庵，号曰“天湖”。自此，禅师隐居与此，前后共四十余年，终于成为曹洞宗一代名师。由于道德高正，元朝至正年间，元帝下诏赐其金襕衣。

数十年中，石屋清珙禅师耕田种菜，砍柴烧饭，真正修到了佛家的“平常心”。禅修之余，他特别喜欢吟诗作偈。由于这些诗偈字浅义深，章句精丽，广为大众传诵，后世留有他的约一万多字的语录和洋洋万余言的《山居诗》。

石屋清珙的诗，生机勃勃，灵气四溢。他隐居四十余年，诗作大多是这期间所作，满纸超世之风。诗偈之中，吟咏清闲，悠恬闲适，并有着禅悟的悲悯在其中。

除了上述《山居》四首外，笔者还非常喜欢他的《山中吟》二首：

其一：

百年日月闲中度，八万尘劳静处消。
绿水光中山影转，红炉焰上雪花飘。

其二：

著意求真真转远，凝心断妄妄犹多。
道人一种平怀处，月在青天影在波。

细读之下，石屋清珙禅师的诗偈隐约有寒山子禅诗的遗风，透露出心如境如的真如思想。而且，在他的诗中，还能见出佛心即凡心的睿智。

除了禅师以外，石屋清珙还以茶禅著名。他作了不少茶偈，内容皆师法自然，不落言诠。这些茶偈禅诗，静默自居，心如境如，在诗情画意中，反映了禅的本质特征。

禅家本来就寓禅于茶，以吃茶作为修禅、参禅的手段。而且，茶能表现出禅宗“文字性离、言语道断”的奥妙。“满山笋蕨满园茶，就中尤好是山家”，恰恰说明了茶与隐士之间的微妙关系。

石屋清珙禅师寓禅于茶，常常以煮茶、当茶、吃茶等作为接机众生、开启禅悟的教法与手段，使得徒众逐渐进入那种返真回俗、真俗不二的圆融境界。

啜饮香茗之余，清珙禅师高吟：“一饮涤昏寐情来，朗爽满天地，再饮清我神，忽如飞雨洒轻尘，三饮便得道，何须苦心破烦恼。”

细细品味，饮茶的过程，正是禅悟的不断回向真如的动态的过程。借助于茶道，清珙禅师自己体证的同时，又教导徒众学道、悟道。

唐代，赵州和尚的“吃茶去”，正是禅的精神的具体而微的显现。短短三个字，赵州禅师从来不说明茶是什么，只是让吃茶人自己去领悟其中的真谛。

学人的顿悟，恰恰是禅的根本精神，也是茶道的根本精神。

到了宋代，临济宗的圆悟克勤禅师第一次提出了“茶禅一味”的论断，由此，禅的根本精神在茶道中得以彻底地贯彻和实现。

石屋清珙禅师继承了赵州和圆悟两位禅师的理念，特别强调顿悟的重要性，“钟敲寒夜月，茶煮石池冰。客问西来意，惟言我不能。”这种境界，就是顿悟妙悟的境界。而“地炉深夜火，茶熟透瓶香”，就进一步把悟的内容导向了茶道。只有真正的禅悟，才能更好地导出茶禅的内涵。

石屋清珙禅师的这些茶偈，还能导引大众破除名理实相的执着，达到一种缘心自在、心如境如的自由状态。

由于石屋清珙禅师所作茶偈独特的隐逸风格，使得中国的茶禅在元代得以高度升华，进入一个全新的发展境界。

“饭罢浓煎茶吃了，池边坐石数游鱼。”“风扬茶烟浮竹榻，水流花瓣落青池。”“粥去饭来茶吃了，开窗独坐看青山。”“挑荠煮茶延野客，买盆移菊送邻僧”“禅余高诵寒山偈，饭后浓煎谷雨茶。”“满园蕨笋满园茶，一树红花间白花。”“一园春色熟茶笋，数树秋风老栗梨”——如此悠扬、娴雅、自然的诗句茶偈，让人感受到禅定的从容不迫，恬淡安适，以及无欲无求。

这种空阔、坦荡又浑厚美丽，就是禅的神秘大美。

瓦灶通红茶已熟，纸窗生白月初来。

古来谁解轻浮世，独许严陵坐钓台。

禅意茶香，溢满人间！

元朝至正十二年（1352）的某一天，夜半时分，石屋清珙禅师深觉俗缘已尽，就招来弟子们前来，与众人诀别。

弟子们无法掩饰悲伤，泣问大师如何为他办理后事。

石屋清珙微微一笑，吟诵一偈后，即投笔而化：

青山不著臭尸骸，死了仍须掘地埋。
顾我也无三昧火，光前绝后一堆柴。

40. 海天秋月一般圆

现在，讲起贯云石，罕有人知道。元明两代，这位情深不寿的贵公子可是位诗词界的“天皇巨星”，小伙子不仅人长得漂亮，诗词歌赋也样样行。

贯云石的身世显赫。他的祖父，乃元世祖忽必烈时代的大功臣阿里海涯，此人死后被追封为江陵王，谥海定；其父贯只哥，曾任江浙行省平章政事，追封楚国公，死后谥忠惠。其母廉氏，乃大元宰相廉希贤的侄女、平章政事廉希闵的女儿（廉希闵出使南宋时被杀，算是元朝“烈士”）。可见，贯云石出身特别显赫，身上有元朝两大家族的血液。

但是，贯云石的祖父阿里海涯，血统一点儿也不高贵，乃西域高昌世代土里刨食的畏兀儿族农民。他青年时代种地苦干时，发陈胜之叹，弃农具而读书。未几，又掷书而操刀剑。正好赶上忽必烈招兵买马，阿里海涯得以在日后的元世祖手下驰骋，并成为方面大将。

元朝破南宋襄阳，阿里海涯携带当时最先进的回回抛石机，先破樊城，又用巨石猛轰襄阳城楼，最终使得宋将吕文焕献城投降。而后，阿里海涯从鄂州杀向潭州（今长沙），克此坚城，宋朝守将李芾自杀。进攻广西时，阿里海涯怒宋朝将领抵抗，破城后屠城，把静江（桂林）、邕州（南宁）宋朝军民杀得一个不剩。而后，他又率军至雷州平岛，杀掠人民，并收降了不少地方民族部落。官最大时，阿里海涯做到湖广行省左丞相，加光禄大夫。至元二十三年（1286），年过花甲的老头子在大都卷入一场政治纷争，忧惧自杀。

三代培养贵族。有这样一个农民出身、两手满血的“屠夫”阿里海涯爷爷，至贯云石一代却能诗善文。当然，将家后代，将门出将。贯云石少年时代，才十二三岁，就膂力绝人。他曾经使壮士驱三恶马疾驰，而少年贯云石持槊前立而逆之，马至，他翻身腾上，越而跨之，运槊风生，观者辟易。

贯云石并不姓贯，原名为“贯小云石海涯”，他常用的别号有“酸斋”、“成斋”、“芦花道人”等等。由于其父名叫贯石哥，依汉族习惯，他便起汉名“贯云石”。

身为色目高级贵族，贯云石年纪轻轻就袭父爵，坐镇永州，为“两淮万户府达鲁花赤”。他所任的“达鲁花赤”，级别较高，应该是四品官职。但这位公子爷对做官之事根本不以为意。忽然一天，他心血来潮，把身上的黄金虎符送给他弟弟忽都海涯，连爵位带官职都转让给弟弟，自己回大都家中，与文士徜徉山水佳处，倡和终日，浩然忘归。

当时，身为“皇太子”（皇太弟）的元仁宗闻而奇之，赞叹道："将相家子弟有如此贤德之人，真不容易！"于是，他派人招贯云石于府中，充任自己儿子（日后的元英宗）的"说书秀才"，类似王子的私人教师。

日后，待元仁宗践帝位，马上下诏拜贯云石为翰林学士、中奉大夫、知制诰。当时，贯云石三十不到，其职务已相当于"中央办公厅主任兼国务院秘书长"，不得不让人刮目相看。

元仁宗重开科举，贯云石是重要的参与者，成为科举制的积极推动人员。

贯云石在元仁宗朝虽青云直上，但他并未恋贪高位——事出有因，由于他向皇帝献治国万言书，未被采纳。才不见用之下，大才子自然撂挑子不干。他以患病为由辞职，远离元朝政治中心，去江南购田置屋，回归自然，过起了士大夫理想中的诗词歌赋、以文会友的生活。

也甭说，元廷少了一个"政治家"，文学史上就多了一个才人。贯云石至今流传于世的，有诗25首，散曲小令79首，套曲有八套之多，其曲词数量在元代名列第八。

贯云石最有名的诗是《芦花被》。他旅经梁山泊时，见一渔翁有一床用芦花絮做的被子，轻软新洁，便提出要以自己一床价值不菲的锦缎被子与渔夫交换。岂料，那渔夫也非平常人，忖料来人不比寻常，表示："您爱惜我的情态，望赠诗一首，我愿把芦花被送给您，不必相换。"于是，贯云石口占诗一首：

采得芦花不涴尘，翠蓑聊复藉为茵。
西风刮梦秋无际，夜月生香雪满身。
毛骨已随天地老，声名不让古今贫。
青绫莫为鸳鸯妒，欸乃声中别有春。

此诗一出，天下传诵，贯云石以后也以“芦花道人”做别号。

一般所谓“痛苦出诗人”，贯云石生长富贵之家，急流勇退，不恋金紫高官，不尚宴酣绮靡，能自得清野诗文之乐，确实与一般佞佛无识的蒙古、色目达官贵人有天壤之别。

贯云石家世豪富，也不必为生计发愁，富贵佳公子，自然可以抚今追昔，长吟短叹，其《桃花岩》一诗，大可看出日后明朝才子唐伯虎风流不羁的端倪：

美人一别三千年，思美人兮在我前。
桃花染雨入白兆，信知尘世逃神仙。
空山亭亭伴朝暮，老树悲啼发红雾。
为谁化作神仙区，十丈风烟挂淮浦。
暖翠流香春自活，手捻残霞皆细末。
几回云外落青啸，美人天上骑丹鹤。
神游八极栖此山，流水杳然心自闲。
解剑狂歌一壶外，知有洞府无人间。

酒酣仰天呼太白，眼空四海无纤物。
明月满山招断魂，春风何处求颜色。

空即是色，色即是空。贯云石在杭州居住时，整日与禅人、道士相过往，哲学境界日臻高达，为学日博，为文日邃。

与贯公子终日言禅咏诗的，不仅有阿里西瑛这位精通汉文的音乐家，还有道行深厚、能诗善曲的汉僧惟则。

惟则禅师乃一代高僧，在与贯云石与阿里西瑛的聚会中，他写出了有名的《筚篥引》一诗，不仅道出了音乐迷离伤感的至情，也从一个侧面反映出以贯云石为主的“文学沙龙”中，那种高度艺术享受的场景：

西瑛为我吹筚篥，发我十年梦相忆。
钱塘月夜凤凰山，曾听酸斋吹铁笛。
初吹一曲江风生，余响入树秋呜咽。
再吹一曲江潮惊，愁云忽低霜月黑。
坐中听者六七人，半是江湖未归客。
欢者狂歌绕树行，悲者垂头泪沾膝。
我时夺却酸斋笛，敛襟共坐松根石。
脱略悲欢万念消，悟声无性闻无迹。
西瑛筚篥且莫吹，筚篥从古称悲栗。
悲欢茫茫塞天地，人情所感无今昔。

山僧尚赖双耳顽，请为西瑛吐胸臆。
声闻相触妄情生，闻尽声亡情自释。
尽闻莫谓闻无声，机动籁鸣无间隔。
亡声莫谓声无闻，去来历历明喧寂。
吹者之妙余莫知，闻者之悟公莫测。
公归宴坐懒云窝，心空自有真消息。

音乐家阿里西瑛的精舍名叫“懒云窝”，贯云石为此也写过一首一令《和阿里西瑛懒云窝》：

懒云窝，阳台谁与送巫蛾。蟾光一任来穿破，遁迹由他。蔽一天，星斗多，分半榻，蒲团坐。尽万里，鹏程挫。向烟霞笑傲，任世事蹉跎。

论风流俊逸与深沉幽怨，贯云石的散曲在当时最为著名。元曲方面，贯云石一直是与关汉卿、王实甫等人并列的大家。他本人音乐方面造诣极深，尤擅长吹奏铁笛，元代“南戏”中的四大声腔之一“海盐腔”，使之定型的正是贯云石。

闲适生活中，贯公子最多的还是“知足常乐”的心态和依红偎翠的“闲愁”。

由于道味禅味日浓，自然世味日淡。凭借贯云石的家世，他也用不着积极入世赚取名声和银子。纵使“武有戡定之策，文有经济之才”，贯公子依旧大隐隐于世，真正做了一个富贵闲人。

情深者皆不寿。泰定元年，贯云石忽患急病，不治身亡，时年仅三十九岁。

临终前，贯云石很像一个真正的禅悟了的“存在主义者”，赋诀别诗一首：

洞花幽草结良缘，被我瞒他四十年。
今日不留生死相，海天秋月一般圆。

洞花和幽草，是贯公子两个侍妾的名字。

绝色美人，眼见佳公子翩然骑鹤西归，生死两茫茫，解脱真坦荡。

41．不结金丹不坐禅，饥来吃饭倦来眠

不结金丹不坐禅，饥来吃饭倦来眠。
生涯画笔兼诗笔，踪迹花边与柳边。
镜里形骸春共老，灯前夫妇月同圆。
万场快乐千场醉，世上闲人地上仙。

这首《感怀》诗的作者，乃大名鼎鼎的唐伯虎。

唐寅（1470—1523），字伯虎，又字子畏，别号六如居士、桃花庵主等，是明代著名书画家、文学家。他的绘画，当时与沈石田、文徵明、仇英齐名，史称“明四家”。而他的诗词曲

赋，又与文征明、祝允明、徐祯卿并称“吴门四才子”。

在上面的诗歌中，唐伯虎虽然号称“不结金丹不坐禅”，但看他的别号“六如居士”，就可以想见诗人身上浓浓的“禅味”——《金刚经》：“一切有为法，如梦幻泡影，如露亦如电，应作如是观。”此即“金刚六喻”，也叫“六如”、“六观”。“梦幻、泡影、露、电”，比喻一切有为法。

说起唐伯虎，肯定会马上使人想起一位翩翩浊世佳公子，风流倜傥，浪漫非凡，不是“三笑点秋香”，就是周星驰戏巩俐，典型一个正面“西门大官人”加上狂傲“柳三变”的合成体。其人玉树临风，白面朗目，风花雪月之中，花丛锦绣陪衬，让人绝对联想不到“穷愁”、“厌世”、“潦倒”、“蹇涩”、“痛哭”、“宣泄”等诸多用于失意之人的词语。

唐伯虎，好书画，工“春宫”，如此戏谑孟浪大家，恰恰又赶上“资本主义萌芽”得如火如荼的明朝中晚期，让不少后世失意文人遐想连翩，总觉能混上如唐伯虎一样的传说中的好生活，也真是不枉一生白活了。特别是冯梦龙小说《唐解元一笑姻缘》，更是把唐伯虎的传说定型，其后无聊文人及小说家们附会穿凿，所有“倜傥不羁”的风流事物都算在这位大才子脑袋上。

果真如此吗？

察看清朝大臣张廷玉主编的《明史》，只是在卷二百八十六列传第一百七十四中才能看到唐寅的名字，而在这篇《文苑二》中，五十多人的文士列传中，唐寅排倒数第十六，只有短短二百二十三个字，人生真相是，唐伯虎其实是个倒霉地牵涉进“考试舞弊案”后一蹶不起的落魄文人。

由于唐寅“文才轻艳”，“传说者”均“增益而附丽之”，平生未作过多风流事，却枉博如许风流之名，悲哉！

明弘治十一年（1498），唐寅乡试中解元（第一名）。其时，他正是春风得意的时候，不仅自信心倍增，也名震江南。恰恰在唐寅人生的巅峰时刻，命运的阴影也悄然袭侵而来。

正当唐寅“一朝欣得意，联步上京华”之时，他进京会试。在路上，江阴巨富徐经徐大公子与这位唐大才子结成莫逆之交（徐经虽是个有钱无才的主儿，他的曾孙徐霞客因《徐霞客游记》而万古名传。不过，至徐霞客时，徐家已中落）。

当时，唐伯虎也是年轻疏狂，因文名显赫颇为自得，经不住一掷千金的富贵公子徐经奉承，两人一同乘船进京会试，而且终日高头大马往来，还有俊仆优童陪同，非常招摇，已经惹起不少人暗中反感、嫉恨。“世路难行钱作马”，徐大公子大把金钱掷向主考官程敏政的家人，连“高考”试题都一窝端来，自然考卷做得上等。但还没有享受金榜题名的喜庆，不久就为人告发，双双锒铛入狱。

不久前还锦衣玉马的唐解元，本以为“春风得意马蹄疾，一夜赏尽长安花”，殊不料锒铛入狱，身被刑具，还要面对如狼似虎的胥吏审问呵斥，遭受世人的指责唾骂。

经过一年多的审讯，虽然最终没有判定唐寅是本次考场舞弊案主犯，但干系是摆脱不掉的，他被除掉“士”籍，发配到浙江为吏。这种污辱，全然不是现在的大学毕业生从“人事局”划归“劳动局”管辖那么简单，几乎就是撕掉读书人赖以生存的“精神脸面”。

愤怒之下，唐大才子奋然攘袂，顿足而起，断然坚拒“臣妾意态间”的官府“办事员”一职，愤然出走，开始了他漂泊辛酸的、不俗而又传奇的后半生！

在家乡，他开始以卖文卖画为生，并且性情大变，破罐破摔，狎妓聚饮，无所不为。这首《一年歌》，最能体现他当时的思想状态：

一年三百六十日，春夏秋冬各九十。
冬寒夏热最难为，寒则如刀热如炙。
春三秋九号温和，天气温和风雨多。
一年细算良辰少，况又难逢美景何。
美景良辰倘遭遇，又有赏心并乐事。
不烧高烛对芳樽，也是虚生在人世。
古人有言亦达哉，劝人秉烛夜游来。
春宵一刻千金价，我道千金买不回。

但是，世事灯前戏，人生水上泡。

浓情过后，乐极生悲，心火转凉。不惑之年的唐伯虎，渐渐沉迷于禅理佛境的哲学思考：

地水火风成假合，合色声香味触法。
世人痴呆认做我，惹起尘劳如海阔。
念嗔痴作杀盗淫，因缘妄想入无明。
无明即是轮回始，信步将身入火坑。
朝去求名莫求利，面作心欺全不计。
它人谋我我谋他，冤冤相报不曾差。
……
拼却这条穷性命，不成此事何须惜？
数息随止界还静，修愿修行入真定。
空山落木狼虎中，十卷愣严亲考订。
不二门中开锁纶，乌龟生毛兔生角。
诸行无常一切空，阿耨多罗大圆觉，
一念归空拔因果，坠落空见仍遭祸。
禅人举有着空魔，犹如避溺而遭火。
说有说无皆是错，梦境眼花寻下落。
翻身跳出断肠坑，生灭灭兮寂灭乐。

从这首《醉时歌》中，我们才能真切感受到唐伯虎沉溺于禅宗中希冀寻求解脱的渴望之情。而他的《伯虎自赞》，更显现出大诗人禅悟后的从容和淡定：

我问你是谁？你原来是我。我本不认你，你却要认我。噫！我少不得你，你却少得我。你我百年后，有你没了我。

到了这个时候，唐伯虎胸中无数才华，平生万般磨难，最终皆为怡然的达观所稀释。

在“有身见”、“无身见”的禅悟中，再不见激越愤慨，再不见书生意气，只有清新淡远，只有见性随缘，真正到了那种“明月松风天然调，抱得琴来不用弹。”的境界。

在浓淡相宜的禅悟中，自傲、自欺、自负，都消隐一空，吟咏之中，胸襟开朗，笑傲江湖，远远超越了儒释道，浮云富贵，粪土王侯。

如此高超的人生玄思，如此的哲学超悟和精神解脱，体现出唐伯虎大才子体证后的真如妙悟。

42．半窗红日静炉烟

长安车马日喧填，精舍深藏双塔边。
一塌白云寒剑色，半窗红日静炉烟。
坐空身世非禅寂，看破乾坤无圣诠。
朝市得闲成大隐，风尘何处不林泉。

这首《静室燕坐》，又名为《燕市中假静室燕坐谈易》，是明朝诗人高攀龙所作。

高攀龙（1562—1626），字存之，又字云从、景逸。无锡人。他既是明朝的文学家，又是政治家。

万历十七年（1589），高攀龙中进士，即上书指责皇帝，被贬谪为揭阳县典史。而后三十年间，他一直不被朝廷起用。家居期间，他与顾宪成在家乡东林书院讲学，议论朝政，抨击阉党，时人称为“东林党”。天启元年（1621），高攀龙重返北京为官。天启四年，他与左副都御史杨琏等人上书弹劾大太监魏忠贤，很快就被革职返乡。听说阉党派锦衣卫前来逮捕自己，为免受侮辱，他投水自尽。

此诗题目中的“燕坐”，典出苏轼“吾燕坐寂然”（《成都大悲阁记》），就是指坐禅。而首句中的“长安”，代指京城北京。诗人在闹事精舍中坐禅，自然别有一番况味。“一塌白云寒剑色，半窗红日静炉烟。”嘈闹中更显其静谧。

“坐空身世非禅寂，看破乾坤无圣诠。”禅寂，佛教用语，指佛教以寂灭为玄旨，思虑静寂，就是禅寂；圣诠，乃佛教先圣的诠诲。这两句诗，细细深思，表明了诗人已经看破了现世红尘的喧嚷，突破了凡与圣、寂与闹的对立。

最后两句，依旧是对上述诸诗句的衬托，表达了大隐隐于市的禅悟心态。

晚明的官场，污浊黑暗。诗人这种尘虑皆空的情思，只是一种希冀而已。

与此相类，高攀龙的《舟居》、《夜景》两首诗，都借剔透空灵、含蕴无限的禅境，表达了诗人超然物外的绝尘高情：

无边烟水一扁舟，到处为家得自由。
崦崦花开供独笑，山山月出每孤游。
乱峰天际不可数，野寺松间也自幽。
为笑此身无住处，只和一片白云浮。（《舟居》）
幽人夜未眠，月出每孤往。
繁林乱萤照，村屋人语响。
宿鸟时一鸣，草径露微上。
欣然会有意，谁与共与赏。（《夜景》）

在这两首禅诗中，诗人如雪天白鹤，清唳翱翔，超群绝俗，显露出他高蹈浊世的不俗志趣。读者意会之间，也能体会到诗人纯真精神世界中的无瑕天宇，让人油然产生得意妄言、直契本体的禅悟愉悦。

《舟居》、《夜景》二诗虽然没有直接写禅，但处处透露着禅髓的妙意，流宕着蓬勃无限的禅悟生机。舟居、夜景的心悦和观赏，在原真地呈现着物象的同时，又显示出万动归灵寂、真空即妙有的大妙之心。

明心见性之时，细细咀嚼，可以觉察到，妙有如如之境，语言文字也纯属多余。

在内证的境界里，得意妄言，不可说，不用说，不必说。

我们自己本具的自性，在“宿鸟时一鸣”中开悟，于“草径露微上”得寻。

43．拽将红袖夜谈禅

天涯随处是生缘，阔帽宽衫似老年。
算马与人三十口，卖奴及宅五千钱。
一心槁木寒灰去，几度披书抱酒眠。
古佛阁前温坑里，拽将红袖夜谈禅。

袁宏道的这首《丁酉初度》禅诗，写于他三十岁生日那天。丁酉，即万历二十五年（1597）十二月初六。

在明朝文学史上，袁宏道占据非常主要的地位。

袁宏道（1568—1610），字中郎，号石公，又号六休，公安（今湖北公安）人。他是明万历二十年（1592）进士。曾任吴县令、礼部主事等职，官终吏部稽勋郎中。作为明朝“公安派”的代表人物，袁宏道与兄袁宗道、弟袁中道合称“公安三袁”。

针对明朝当时“前后七子”所倡的“文必秦汉，诗必盛唐”口号，袁中郎反对字摹句拟的跟风古人，主张文学创作要独抒性灵，强调真知灼见和真情实感。他这种尊重个性、反对传统的文学主张，使他的诗歌创作充满儒、道、禅混合的自由不羁的气息。

明朝建立后，随着时代的发展，程朱理学不断汲取禅宗理念，最终演化成为王阳明的心学。禅宗打破偶像、肯定自性的自由精神，对文人墨客产生了巨大的影响，形成了禅宗史上著名的“狂禅”思潮。举例说来，那个早耽禅悦、晚归佛门的大学者李贽，身为大儒却又反儒。每当有人拿着儒学经典向他请教时，他都会劝说对方：“何必耽误时光，不如携歌姬舞女，浅斟低唱！”

反过来，这种士人的狂禅心态，对禅门中呵佛骂祖、随意任性的“传统”也产生了进一步刺激。双方交融下，“我心即佛”的意态，在文人士子们当中更加汪洋恣肆，甚至发展为纵欲狂欢。

在当时耽溺狂禅的士大夫中，袁宏道非常突出。他本人对自己的禅悟扬扬自诩，高吟道：“每笑儒生禅，颠倒若狂醉。除却袁中郎，天下尽儿戏。”(《别石篑》)

禅宗以“教外别传”的言语道断为特征，而诗人们一直追求诗歌超乎文字之外的意蕴“别趣”，追求那种非理性、非逻辑的，跳荡灵动的、似有若无的、朦胧而又可感的“禅趣”。所以，禅宗故事中迦叶见释迦拈花那种不落言筌的心灵默照，更使得诗、禅在文人士大夫的鼓吹间相互濡染。

南宗禅主张“顿悟”，诗人们也往往以“悟”论诗。于是，禅光佛影，尽现于文人的笔墨之间。

袁宏道本人，认定自己“每于诗外旨，悟得句中禅”。他还常常自诩“朝作新诗暮作偈”，如此，诗旨得禅趣，以禅喻诗，将诗禅互证提高到一个非常的高度：“将禅比诗不争多，色里胶青水中味。”

袁中郎嘲风弄月、登山玩水的同时，流连文酒之场，沉酣于佛禅之典。当然，他的懒慢疏狂，却不耽误他禅悟和禅修。

作为晚明著名的文人居士，袁宏道的“狂禅”是把禅学与儒学和合为一。细究他的心迹，最终还是一条从纵情适欲的狂禅到念佛往生归心净土的路程，与晚明诸宗归净、摄禅归净的时代潮流甚相契合。

特别是袁宏道晚年，禅悟禅修上了一个层次。他认识到士人堕于狂禅，不能解决生死大事。反思之下，他得出结论：理悟属形而上，与本体相关；事修则是形而下，与禅戒相关。如果仅重理悟而废事修，落入“狂禅”，事倍功半；而不求悟入本体而专重事修工夫，会导致死寂枯禅。二者之中，无论是狂禅还是死寂枯禅，对于人生的最终解脱，都了无益处。所以，他把禅修转向禅教归净，最终归向西方净土思想。

禅悟达成后，袁宏道不但自己断荤念佛，还时时劝导友辈进行禅证修持：“（我）往只以精猛为工课，今始知任运亦工课。精猛是热闹，任运是冷淡，人情走热闹则易，走冷淡则难，此道之所以愈求愈远也。……”从上述话语，可以见出，袁宏道的禅悟之路大有进步。

他还进一步解释说：“近代之禅，所以有此流弊者，始则（王）阳明以儒而滥禅，既则（邓）豁渠[①]诸人以禅而滥儒。禅

① 邓豁渠（1498—1578），名鹤，号太湖，亦儒亦僧，被时人视为怪杰。著有《南询录》。

者见诸儒汩没世情之中，以为不碍，而禅遂为拨因果之禅；儒者借禅家一切圆融之见，以为发前贤所未发，而儒遂为无忌惮之儒。不惟禅不成禅，而儒亦不成儒矣。”

特别是李贽之死，给袁宏道以极大的精神震动，他开始深刻反省“学道得祸”的因由。此后，袁中郎虽然哲学方面更加成熟，但明哲保身的心态大大降低了他诗文的艺术性和创造力。

所以，回顾他三十岁时所写的《丁酉初度》，虽然很有孟浪，但“狂禅”的艺术魅力确实非常吸引人。

此诗中，袁宏道的后四句最为值得注意——“一心槁木寒灰去，几度披书抱酒眠。古佛阁前温坑里，拽将红袖夜谈禅。”——诗人刚刚以槁木寒灰的修行譬喻自己的禅悟路途，看上去身心俱寂，归于“平常心”，却笔锋一转，观看佛典的同时却抱酒而眠。最后两句，更是变本加厉，古佛阁变成温柔坑，一个“拽”字，把美女入怀的轻佻描摹得活灵活现。在读者瞠目结舌之际，诗人浓墨重笔，最后却归结为与美人的“夜谈禅”，让人产生无尽的遐思绮念……

当然，禅宗讲求“平常心是道”，见性见心，就能成佛。空色色空，禅宗不是原始佛教，也不强调禁欲主义，所以，晚明“狂禅”虽然毛病不少，但是反映在诗人的作品中，却非常具有艺术性和自由的气息。

“观色即空，成大智而不住生死。观空即色，成大悲而不住涅槃。”禅悟的大智慧，是上求菩提的真智慧；所成大悲，是下化众生的淑世悲怀。不脱珍御服，不着弊垢衣，红袖不碍谈禅——究其实也，这也是一种高深的“透脱”之境。

当然，如果仅止于此种“透脱”之境，流连忘返，则最终还是会为其所束缚。可是，在诗中，诗人没有说他是否安住悟境，也没有说明他是否从悟境转身而出。这种悲智双运的悬念，更让人拍案嗟叹不已。

袁宏道还作过《过云栖，见莲池上人有“狗、丑、韭、酒、纽”诗，戏作》二首，现摘录其一，可见其当时的狂态：

少年曾盗子胡狗，父母不容亲戚丑。
每到僧房索布衣，更向佛头种葱韭。
读书十年未识字，持戒三生不断酒。
恁有一般可笑人，逢着师尼便解钮。

云行雨施，纵笔如马。有一点禅心在，诗人笔下如有春雨春云，没有任何枯寂和死寂。云雨润泽中，虽然胡天胡帝，但主人公的心中，如天宇澄静，景色纯真。

这种禅悟，恰恰体证出人的心性本体，与春雨迷蒙的长空一样，时有凄迷，却不改那种渊静、澄鲜的妙有特质。

跋　弄花香满衣

禅宗，如果我们抛却五迷三道、故弄玄虚的神秘主义，剔除当下出版商为了骗大众银子的“励志”编纂，真正带着怀疑和虔敬的心情，深入到这一人类思想宝库的内部，就可以发现，禅的目的，就是探寻生命体验的合理化，继而妙悟体证，最终达至论理化，即逻辑化。

禅宗，依据哲学的本意，是一种绝对的辩证法。禅师们的终极目的，就是尽平生之力，追寻个体与“绝对无”的关系，体悟绝对矛盾的自我同一。

禅宗的“空”，不是没有，恰恰是一种“满盈”。空，既是虚无，又是存在。

禅，非概念化的语言，密契论的恣肆文风，恰恰十分有助于我们更深入于思维和语言问题的根源性体验。

禅的“绝对无”，包容着纵与横的两个向度，即包容“存在”与“主体”的两个向度。

禅的“非思量”，不是“不思量”，反而是同时包含着“超思量”和“思量”的内核。

“无相”之外，禅宗更积极的概念还有“无念”和“无住”。

佛禅的核心，在于“悉有”与“佛性”的非二元性。

历尽风尘后，我们发现：禅宗，是宇宙人格主义的大哲学，是把我们人类的理智、意识逼向极限而最终导引我们超越和转化的智慧哲学。

禅悟，能够教会我们以一种积极的虚无主义面对生活。经历了精神的“大死”，我们才能达致真正的涅槃。

禅宗的大机大用，能使得我们超越肤浅的表象，去实现自我灵魂的真正救赎。如此，在过度膨胀的科技和理性的俗尘里，我们才能发现被遗忘的根源意识深处的无垢宝珠。

自宋代已降，禅宗完全成为了一种士大夫的佛学，三教渐趋合一。为了弥合佛道释的冲突，学人士子们纷纷提出“修身以儒，治心以释，宗理以道”。无论治世和治心，都是要在圆融的基础上，最终以儒统带佛道，修养功夫，进入一种崭新的至妙精神境界。

我想，赫连大王的《欢喜禅》，大概也有这个妙用吧。

赫连大王近来迷恋禅宗，为修身养性吗？为防邪杜恶吗？我看未必。通过与他的交谈，我得知，其实最能入赫连大王法眼的，还是南宗禅的那种独特的非宗教化。

禅宗，特别是南宗禅，不是以强制性的力量去维护世俗信仰者的信仰，而是靠思想和情趣的魅力，来吸引愈来愈多赫连大王这样的当代文人士大夫。

当禅宗以“一切皆空”、“触处皆真”为体用后，奥旨恰似不系之轻舟，使得士大夫自由的心灵，能日益安然地在俗世的大海中漂浮徜徉。

正因为有“心”这个系着点，在作为宗教的禅宗逐渐自我瓦解的同时，学禅者的个性意识，反而无所拘泥，得到了空前的解放。

看完了赫连大王所写的禅书，再转头看呐，这个人！

赫连大王写书，号称快手，他一年能出版三本历史、文学类书籍，洋洋洒洒，近一百万字。但他该吃吃，该睡睡，该玩玩，起卧规律，豪豁如常。身边常常有人询问他写作快捷高速的秘密，他往往这样回答：

“我写作速度快，两个原因：第一，古文基础好，理解力强，自然下笔如有神。如同奥沙利文打台球，虽然快，但是极其精准；第二，我本人好高骛远，心无旁骛，对事物没甚耐心。如果不快写完，时间稍久，就会厌烦。”

这样的回答，浮光掠影，避重就轻，看似王爷玩票。其实呢，他的耽于写作，还有一个最大的秘密——我想，还是因为赫连大王本身有轻微的抑郁症，他只能强迫自己一直沉迷陷溺于某种事情，比如历史，比如文学，比如禅宗。

灯下埋首奋笔中，他才能疗“伤”治“病”，才能逃避无聊的生活、无常的人生，以及滚滚的红尘。

在与赫连大王十多年的交往中，我总结出这样的一个道理，他一直害怕、躲避任何约束，总是不想触途成滞。如果他在大学谋生，肯定是个逃学的、误人子弟的大学教授；如果他在医院工作，肯定是个丢三落四、纱布乱放的“小李飞刀”；如果他在银行做事，肯定会算错小数点入错账，弄不好像力森一样出大洋相；如果他在官场蹭蹬，肯定像个童心未泯的人一样颠三倒四得罪无数大官巨肉……

一生行走在边缘，正是赫连大王最理想的生存状态——他确实做到了！所以，这么多年，英文硕士毕业的他，才一直能在金融界挥洒自若，在文学界指点江山，在史学界纵横捭阖。搂草打兔子，他还能凭借自己洋洋五百万字、散花落藻、玉净珠明的华丽文字，弄个“国家一级作家”的衔头，成为金融界罕有的一大亮点。

说起佛禅，在我的记忆中，赫连大王曾经一度佞佛。曾几何时，他也遍游天下寺庙，广散布施，希图佛禅内核老庄式救赎的“回头是岸”。

大概在 1998 年夏天，我同赫连大王去河南旅游，到了一个非常有名的寺庙内。当其时也，赫连大王虔诚跪地，与几十人一起，准备等住持为他胸前所挂的一尊小玉佛“开光”。

冷眼观瞧，刚刚捐献数千大元赞助“修庙”且沉醉佞佛中的大王，虔诚到了好笑的地步。他闭目屏气，双手合十，直撅撅上身挺直，如同待宰之鸡。

恭谨哀默间，忽然蹬蹬步声响起，一胖大和尚咳着浊厚大嗓，施施然来，飘然入内。在他身边，一个獐头鼠目的助手，仰鼻俯眼，对着跪地等开光的“施主”们大声嚷嚷：“交钱！交钱！不交钱不灵！钱越多，佛越灵！”

话音甫落，但见原本肃跪在当地的赫连大王，面色陡变，振衣而起。

道源不远，性海非遥。但向己求，莫从他觅。那一刻，大概就是他恍然大悟的一刻吧。

过后，赫连大王深刻自我解剖：“国人佞佛，几与昔日西人花钱买赎罪券一样，确实为一种妄执。中国人缺乏真正的宗教感，大多如昨日之我一样，精神无所依托，往往临时抱佛脚，目的都还是为了今生此世的肉身幸福。如果贡献钱物能得富贵平安和真佛福佑，元朝帝室最应该长久，他们举天下财赋之半以供西蕃八思巴大和尚，国运呢，却不过百年。巍巍大元，而今安在哉！翻遍历史，中国这样的民族，如果没有文天祥、岳飞、史可法、张煌言这样的脊梁人物，遭逢国破家亡之时，谁又能救得！”

渐行渐悟，于是赫连大王就有了2006年五一假日中千里自驾，到吉安拜谒文天祥墓地的壮举。

赫连大王写历史，是由悟而迷，渐渐深入，沉溺于中不能自拔；赫连大王对于佛教，是先迷后悟。

所以，他写禅宗，大死一番后的彻悟，自然不同凡响。

“批判哲学的批判”，这种境界，肯定有真如妙有的佛陀人格在其中。

作为极其有趣的个人，无论是虚拟中的“赫连勃勃大王”还是现实中的梅毅，都是那样的耐人寻味！

不是闲人闲不得，闲人不是等闲人！

风流未远，雅人当时。赫连大王当其心力强盛之时，不能逃名遗世，亦无机缘向边风塞月、长槊大弓中觅取功名。壮心不堪牢落之余，深知人生修短有数，于是赫连大王勘破关头，趋避空劳。由此，身披“赫连勃勃大王”之ID，不逃于游冶，不逃于枯禅，不逃于金枷银锁，在喧嚣闹市中总能闲适放达，华茵度梦，翠袖奉卮，自享尊荣。

看赫连大王，笔下纵横，以史为酒，常消其胸中块垒不平之气，洗吾辈多年红尘之梦。于是，赫连大王隐于色，隐于书，隐于市，隐于酒，就是不入俗尘。

禅悟随心，达人自适。赫连大王行状，真显大贵彻悟之相，目中笔下，并无玉几金床，罕见阿堵满堂，惟有竹杖芒鞋，红梅白萍，明月松风，溪涧绝壑。

何哉？盖浓情处趋淡雅，味厚则厌耳！

枕席上烟霞，轻宵里销魂，玉液中畅适。如此种种，赫连大王潇洒绝尘之意态，夏虫不可语冰，非俗辈所能解。

过眼荣枯电与风，久长哪得似花红！

人过而立之年，哀乐易感，触事销魂，往往强颜应世，内藏忧愤。观今之世，小人长装君子，男子多似妇人，笑语巧言，臣妾意态，趋走奉迎，与世浮沉。

而禅宗的自我返照，禅诗的超越谛视，恰恰能让人心胸朗然，空明澄净。

竹影秋月有情，松窗梅影有意，汉书晋史有涵，禅悟妙有可蕴。赫连大王兴高之时，阅世走人间，观身卧云岭，道念自生，尘心顿消，自然真趣颇多，一一流露。

名山一过，遂难再践。妙文品后，尘事羁人。文心酒气，禅意悟态，赏遇情融。

想去岁初冬，与赫连大王、亚明徜徉西子湖畔，看远山霞起，寒雪伤艳。晴澜如镜，万顷无波。湖光山色，雾霭朦胧，明灭万状。

吾三人痛饮于梅花树下，看落英缤纷，随风飘坠。杯未及唇，而花落酒内。赫连大王当时大叫“快活！”

当是时也，梅香涵杂酒醇，自鼻入脑，心花盛开。此情此景，定当得一个大大“禅”字！

是为跋。

文　华

2008-4-18

图书在版编目（CIP）数据

闲情偶尔禅/梅毅著. —上海：上海人民出版社，2013

ISBN 978 -7 -208 -11292 -6

Ⅰ. ①闲… Ⅱ. ①梅… Ⅲ. ①禅宗—通俗读物 Ⅳ. ①B946.5 -49

中国版本图书馆 CIP 数据核字(2013)第 040280 号

责任编辑　齐书深　马瑞瑞
封面设计　陈　楠

闲情偶尔禅

梅毅(赫连勃勃大王) 著

世纪出版集团

上海人民出版社出版

(200001　上海福建中路 193 号　www.ewen.cc)

世纪出版集团发行中心发行

浙江新华数码印务有限公司印刷

开本 787×1092　1/32　印张 10　插页 13　字数 192,000

2013 年 3 月第 1 版　2013 年 3 月第 1 次印刷

ISBN 978 -7 -208 -11292 -6/I·1104

定价 38.00 元